JN438703

장미, 타다

현 대 수 필 가 100인선❷ · 25

장미, 타다

김정화 수필선

수필과비평사 · 좋은수필사

■ 책머리에

수필은 누구나 부담 없이 읽고, 마음만 먹으면 직접 쓸 수도 있는 가장 친근한 문학이다. 다른 영역의 문학이 영상매체에 밀려 신음하고 있는 중에도 수필 인구만은 날로 증가하여 바야흐로 수필 전성시대를 구가하고 있는 이유도 거기에 있을 것이다.

시대적 추세에 힘입어 수많은 수필전문지, 수필동인지가 창간되고, 이에 비례하여 신진 수필가도 날로 늘어나다 보니 이제는 그 많은 작가, 그 많은 작품 중에서 문학성 높은 작품을 가려 읽는 일이 쉽지 않게 되었다. 이런 현상은 작가에게나 독자에게나 결코 바람직한 일이 아니다. 더 나아가서는 수필을 연구하는 후세들에게도 큰 부담이 될 것이다.

이런 문제를 해결하는 데는 출판인도 마땅히 한몫을 감당해야 한다는 평소의 소신에 따라, 본사가 기꺼이 그 역할을 맡기로 했다. 그 첫 번째 사업으로 시대를 대표할 만한 수필가 100인을 선정하고, 작가가 자선한 40편 내외의 작품을 수록한 문고본을 발간하여 이를 널리 보급함으로써 그 소임을 다하고자 한다.

본사는 사명감을 가지고 이 사업을 추진해 나가기로 했다. 작가 선정을 전담할 편집위원회를 구성하고 전권을 위임하여 일체의 사적인 정실이나 청탁을 배제함으로써 전문성과 공정성을 확보해 나갈 것이다.

따라서 이 기획물 속에는 작가의 문학정신뿐만 아니라, 본사의 문학사적 기여 의지와 편집위원 제위의 수필문학에 대한 애정과 문인으로서의 양심이 함께 담겨 있음을 자부한다. 다만, 작가를 선정하는 기준에는 많은 견해의 차이가 있을 수 있고, 선정 과정에서도 미처 챙기지 못한 부분이 있을 것이라는 사실만은 인정하지 않을 수 없다. 이 점에 대해서는 관계자 여러분의 양해 있으시기 바란다.

이 시리즈의 발간 순서는 작가, 또는 본사의 사정에 의한 것일 뿐 그 밖의 어떤 기준도 적용하지 않았음을 밝힌다.

본 기획물이 시대를 초월한 많은 수필 애호가들의 관심과 애정 속에 우리나라 수필문학 발전에 한 이정표가 되기를 바랄 뿐이다.

본사에서는 이상과 같은 취지로 『현대수필가 100인선』 전 100권을 완간하여 큰 반향을 불러일으킨 바 있다.

그러나 우리 수필문단의 규모나 수필문학의 수준에 비추어 선정 작가를 100인으로 한정하는 것은 형평성이나 효율성 면에서 크게 부족하다는 의견이 많았고, 본사 또한 이를 통감하던 터라 기꺼이 『현대수필가 100인선 Ⅱ』를 발간하기로 했다.

본사의 충정에 찬동하여 출판에 응해주신 저자 여러분에게 감사한다.

2014년 9월

수필과비평 · 좋은수필 발행인 서정환

현대수필가 100인선 간행 편집위원 박재식 최병호

정진권 강호형

오세윤

| 차례 |

1_부

2_부

3_부

4_부

1부

봄이 구른다
헛발질
유쾌한 기행에 대취하다
오리에게 길을 묻다
이름 성형
자기만의 방
흙, 잠에서 깨다
얼음재
싸이와 사이

봄이 구른다

구른다. 창밖 벚나무 사이로 바람이 구른다. 나무에서 내려온 바람을 타고 낙엽이 흐르고 마른 흙이 날린다. 사방이 요동치는 것을 보니 봄이 저만치 오고 있나보다. 봄은 왈츠를 추듯 부드럽게 오거나 폐부를 찌르면서 아프게 다가오기도 한다. 봄볕이 할미꽃 목덜미에 윤기를 내고 젊은 여성의 킬힐 소리를 경쾌하게 만들지만, 춘풍이 구르기까지 나무의 뼈가 아프고 강물의 살이 아팠음을 어찌 모르랴.

움츠렸던 마음속까지 봄빛이 헤집고 들어온다. 허기도 멋게 하고 가난도 잊게 해준다. 덩달아 묻어 둔 옛사랑도 끄집어 보고 떠나버린 인연도 추억한다. 그래서 사람들은 더욱 봄을 타고 싶어한다. 그 봄을 타면 어디로든 날아오르거나 굴러갈 수 있을 듯하다. 보리밭에 달래 움이 돋는지 발바닥이 간질간

질하다던 어머니의 목소리가 그립고, 젊음만 믿고 덜컥 결혼하던 스물한 살 고향 친구의 봄날 패기가 떠오른다. 또한 하늘로 날아갈 것만 같아서 가슴에 큰 돌을 얹고 풀밭에 누웠다던 옛 시인도 생각나는 계절이다.

사방이 구르니 나 혼자 가만히 있을 수 없다. 봄은 제 발로 오겠지만 그보다 먼저 봄을 맞으러 가고 싶다. 공자는 먼 곳에서 친구가 오는 것만 해도 반갑다고 했는데 봄을 찾아 나서는 것은 더더욱 기쁜 일이다. 봄꽃을 만나고자 홀로 강가를 거닐며 시를 읊조린 두보도 있지 않았는가. 자연은 겨울에 옷을 벗고 봄에 걸치지만, 사람은 반대로 두꺼운 겨울옷을 봄에는 벗어 던진다. 계절의 흉내를 내느라 한 박자 뒤따라가는 우매한 인간이니 입춘의 봄바람이 좀 추우면 어떤가.

봄은 향기에서 온다지만 나의 봄은 소리에서 온다. 매화나 라일락보다 물소리가 먼저다. 해동하는 강물 소리를 귀에 담으면 갈대숲 물닭을 만나고 귀향하는 새들의 합성도 들을 수 있다. 봄은 풀리는 계절이다. 봄에는 사람의 굳은 마음도 봄물처럼 녹아내린다. 그 소리가 진정한 봄의 소리다.

내가 봄마중을 가는 곳은 낙동강 둘레길이다. 을숙도 강변길이나 둔치도 황톳길이나 해포도 나루터를 따라 홀로 걸으면 숨겨둔 애인을 만나러 가는 것처럼 제맛이 난다. 잊고 싶은 이야기는 묻어두고 하고 싶은 말은 흘려보내기도 한다. 그러나 무엇보다 이곳에서 까치발로 서면 내 고향 마을이 보이니 온종일 걸어 다녀도 지루하지 않다.

모처럼 찾은 낙동강은 고요하다. 재첩이 그득하게 흐르던 물줄기는 모래섬의 갯내음과 함께 내가 어릴 때 발을 담갔던 고향 샛강도 흘러들었을 것이다. 강물은 둥글게 수평선을 펼쳐놓았고 을숙도 모래톱 새들도 목덜미를 날개에 얹고 잠이 들었다.

새가 앉아 있는 모습을 지켜보니 신기하게도 을숙도의 을乙자와 무척 닮았다. 나는 이곳에만 오면 을숙도乙淑島라는 현재 이름보다 잘 숙宿자를 붙인 옛 이름 을숙도乙宿島가 그립다. 새들이 잠자고 쉬어가는 섬. 겨울 철새가 날개깃을 내리고, 나그네가 발길을 멈추고, 봄날도 기지개를 켜는 곳, 나도 잠시 몸을 내려놓는 곳이다.

오늘은 배를 타고 수로를 따라 이른 봄을 만나기로 한다. 강변을 돌아 모래톱의 새들을 탐조하는 선로를 택했다. 겨우내 웅크렸던 강물이 구른다. 봄물이 풀린 강물 색은 산호 빛이다. 배 아래에는 거울을 펼친 듯 강변 풍경을 모두 받아들이고 있다. 건너편 승학산에서 건너오는 산그림자가 길게 누웠다. 그림자 산등성이 사이로 씨알 굵은 붕어가 지느러미를 털고 튀어 오른다. 이 강에서 봄이 태어나고 달이 건져지고 사랑도 솟고 문학도 길어 올려진다. 뱃전에 몸을 기대면 강물이 아래로 흐를수록 봄은 역류하여 푸르게 다가오는 것을 느낄 수 있다.

강변에 바짝 뱃머리를 댔다. 모래톱에는 툰드라의 봄을 찾아 떠날 채비를 하는 큰고니들이 노을빛을 받고 섰다. 새들의 고요. 저 무한한 광경에 비하면 복잡한 인간사는 아무것도 아니다. 반쯤 몸을 잠그고 있던 갈대숲이 흔들거리니 뿌리에서 올라오는 갈대청에 풋기가 번져난다. 한창 봄을 밀어내고 있는 중이다. 갈댓잎은 겨울 내내 서로 몸 비비며 다독이고 찬이슬을 털어주며 봄날을 기다렸을 게다. 한파를 이겨낸 줄기마다 봄 강의 숨소리가 들어 있다. 그 깨어나는 봄의 피리 소리에 나는 귀를 씻는다.

봄이 구른다. 강물과 바람이 만난다. 미나리, 창포에 연둣빛 움이 돋고 꽃망울이 햇빛에 튀는 소리를 듣는다. 좀개구리밥의 겨울눈이 물 위에 떠오르고 봄까치꽃이 꽃불을 피워낸다. 봄에는 모든 게 부푼다. 사람의 마음도 둥글어지는 계절이다. 이러한 봄이 굴러 다시 내게로 왔다.

봄을 탄다. 올봄에는 나도, 구를 것만 같다.

헛발질

그날의 제안은 순전히 나의 취기 때문이었어. 지인의 집들이에서 만난 안 선장과 미스터 박과 내가 2차로 생맥주 딱 한 잔만 더 걸친다는 게 발단이었어. 그렇지 않고서야 난생처음으로 중매를 선다고 선제공격을 날렸을까. 카페의 홀을 떡하니 차지하고 있는 흰색 그랜드피아노가 없었더라면 30년간 운영하던 피아노 학원을 접고 생활고에 허덕이던 하 여사를 선뜻 떠올리지 못했을 수도 있어. 맥줏빛 안 선장과 하얀 피아노 같은 하 여사를 서로 맺어주면 환상의 커플이 될 것으로 생각했지.

그 시간 카페 벽걸이 TV에는 한국과 페루의 월드컵 평가전 중계가 시작되려던 참이었어. 하 여사는 남포동 지하상가에서 단돈 만 원에 건져 올렸다는 커다란 짝퉁 샤넬 가방을 어깨에 메고 나타났지. 젊었을 때 제법 사내를 울렸다는 그녀는 예순이라는 나이가 믿기지 않을 만큼 피부도 고왔고 몸매도 날렵했어. 성격상 언제 날릴지 모르는 거친 립 드리블이 좀 걸리긴 했지만, 세련된 의상과 제법 정숙해 보이는 몸짓에 다소 안심을 했지.

안 선장이 누구인가. 오대양 육대주를 항해하면서 용모가 절미한 뭇 여인들을 완패시켰지만 화갑이 되어도 호적수好敵手를 고르지 못할 정도로 콧대가 골대보다 높은 사람이잖아. 그러니 미모와 지성을 겸비한 하 여사 정도라면 양 팀의 전력이 비슷해서 용호상박의 인생시합을 하리라고 판단했지.

마침내 두 선수가 그라운드에 나섰지. 하 여사는 내 옆에 다소곳이 앉으며 눈짓으로 재빨리 패를 읽고 공격 휘슬을 보내왔어. 월드컵 경기장에서 선수들이 상견례를 하듯 주심인 나는 양측을 소개하며 페어플레이를 주문했지.

"말씀 듣던 대로 젠틀하십니다."

그녀가 먼저 은근슬쩍 안 선장 진영을 향해 땅볼을 날리더군.

"하 여사님이야말로 미인인데다 아주 매력적이십니다."

안 선장도 멋지게 드리블을 했어.

해운대 스카이라운지 창가의 푸른색 조명 때문인지 안 선장의 은발이 LED 전광판 빛을 띠었지. 즉석 맞선자리이니만큼 테이블 세팅도 우아한 칵테일 잔으로 교체되었고, 하 여사는 상대편 전술을 파악하느라 눈길이 바빠졌어. 그녀 역시 그동안 비공개 훈련을 제법 했을 터. 과거 전적이야 어쨌든 두 사람

모두 경기 의욕이 넘쳤지.

"하 여사의 두 아드님이 아직 혼사 전이라지요?"

안 선장 공이 상대방 진영 깊숙이 날아가 꽂혔어. 서울에서 대학까지 나온 하 여사의 첫째 아들은 마흔이 다 되도록 변변한 직업 하나 없고, 둘째 놈은 뒤늦게 드럼을 친다며 전문대 실용음악과에 겨우 이름을 올린 처지였지. 하 여사는 아들 이야기만 나오면 늘 수세에 몰리지만 오늘만큼은 쉽게 패널틱 에어리어를 내주겠어?

"아들이란 이름만으로도 철옹성과 같지요. 제 아들까지 책임져 줄 남자가 어디 흔하겠습니까?"

신속한 인터셉트를 날리는 하 여사의 수비력도 만만찮았지.

예상 밖의 공세에 당황한 안 선장은 상대의 페이스에 휘말리지 않으려는 듯 남은 술을 들이켰지만 연신 허공으로 볼만 날렸지. 그때였어. 지금껏 기습 기회만 엿보고 있던 미스터 박이 재빠르게 중앙 미드필더로 돌진한 거야.

"하 여사님, 재즈 피아노 학원을 운영하셨다는데, 오늘 한 곡 연주해 주실 거죠?"

나는 갑자기 뜨악해졌어. 십여 년 전, 사별한 그녀가 피아노 한 대를 밑천으로 '객석'이라는 음악 카페를 열었을 때가 생각난 거야. 술에 취한 세무사 손님이 하 여사를 만만떼떼하게 보고 피아노를 한번 쳐 보라고 호기 있게 소리쳤지. 그때 한 성깔 하는 하 여사 왈, "내가 당신 앞에서 치려고 피아노를 배운 줄 아느냐?"라며 냅다 발길질해서 쫓아내었던 기억이 선명했지.

그러나 지금은 그녀가 자존심만 누그러뜨리면 코너킥 찬스쯤은 얻을 수 있을 텐데. 일이 잘 성사되어 본선 진출만 해도 안 선장이 중매 턱으로 약속한 양장 한 벌은 따 놓은 당상이련만. 나는 재빨리 하 여사에게 눈짓으로 백패스를 날리며 부추겼지. 다행히 하 여사는 종업원에게 연주 허락을 받고서 무대로 걸어나갔어.

우리는 마시던 잔을 놓고 숨을 죽였지. 페루전도 후반전의 뜨거운 열기를 뿜고 있었어. 생각 외로 두 사람의 경기는 명승부전으로 나아가고 있었어. 은근히 내 어깨에 힘이 들어갔어. 하 여사의 연주 실력은 내가 알고 있는 사람 중 최고였지. 그녀가 특유의 가늘고 긴 손가락을 건반 위에 얹고는 자세를 고르더니 '고엽'을 치기 시작했어. 느린 듯 멈추었다가 미끄러지듯 내려오는 손놀림은 마치 호날두의 반복 드리블처럼 환상적이었어. 기품 있는 그녀는 연이어 '월광 소나타'를 쳤고, '골로리도의 밤'을 연주할 때는 적수 안 선장마저 피아노 옆에 서서 합창을 해 주었어. TV에서는 끝내 골을 터뜨리지 못한 한국팀을 아쉬워하는 해설자의 목소리가 들려왔지. 어쨌든 그날은 타임아웃을 알리는 종업원의 휘슬을 듣고서야 일어섰고, 하 여사와 안 선장은 재시합을 기약하며 손을 흔들었지.

그렇게 몇 달이 지났어. 안 선장과 하 여사의 결합은 생각보다 쉽지 않았지. 안 선장의 우유부단한 성격이 하 여사를 안달

나게 했고 하 여사의 정면 태클이 안 선장을 힘들게 했지. 지루한 연장전을 지켜보며 괴로워한 건 오히려 나였어. 시시때때로 둘은 전화를 걸어와 내게 하소연을 해댔었지. 안 선장은 하 여사더러 얼치기 페미니스트라며 흉을 보았고, 하 여사는 안 선장을 촌스러운 꼽꼽쟁이 노인이라고 되받았어. 그러면서도 며칠 잠잠하다 싶으면 안 선장은 하 여사만 한 여자도 없다면서 꿩 구워 먹은 소식을 아쉬워하고, 하 여사는 팝송 실력과 독일어 발음만은 안 선장이 제법이라고 추켜세웠지.

두 사람을 화해시켜볼 요량으로 술값을 자청하여 자리를 만들어 봤으나 양측은 헛발질만 할 뿐 상대방 골네트를 흔들지는 못했어. 기대했던 양장 한 벌은 물 건너가고, 일여 년 동안 두 사람은 승부 없는 탐색전만 펼쳐나갔어. 빗나가는 똥볼과 이어지는 자살골에 점수는 나지 않았어. 그러던 어느 겨울날, 안 선장은 꽁치선 배를 타고 다시 출국하였고, 하 여사는 서울 어느 교회의 반주자로 선임 받아 부산을 떠나 버렸어.

정말이지 중매는 함부로 할 게 못되더군. 인생이란 승부가 나지 않는 게임이라는 것. 오직 긴 하프타임만 있을 뿐…….

유쾌한 기행에 대취하다

천하가 봄이다. 대취한 봄이 대지의 구석구석까지 붉게 번져 있다. 꽃과 나무조차 홍안이 되어 흔드니 가만히 있어도 봄바람에 취기가 인다. 호음가의 그림자도 밟지 못하는 내 주력이지만 꽃그늘에 앉아 술잔을 기울이고 싶은 마음만은 여느 주객酒客 못지않다.

예로부터 술과 문학은 하나의 길을 걸어왔다. 옛 문인들은 음주기飮酒記 몇 편 쯤 거뜬히 기록하였고 포복절도할 주행의 에피소드가 한두 건 있어야만 문사의 반열에서도 더욱 돋보였다. 백주회白酒會를 만들어 하루 저녁에 백 가지 술을 즐겼던 양주동이 그러하였고 스스로 정한 주도 18단계로 주호酒豪의 단을 측정했던 조지훈, 향수병을 양주병으로 잘못 아는 통에 향수를 통째 들이킨 천상병 시인의 전설도 전해진다.

그러나 수주 변영로만큼 유쾌한 문인 호음가는 드물지 싶다. 선생은 음주 해프닝을 해학과 풍자와 기지가 담긴 필력으로 ≪명정사십년酩酊四十年≫ 수필집에 담아냈다. 제목에서 드러나듯이 '명정酩酊'이란 몸을 가누지 못할 정도로 곤드레만드레 취한 상태를 뜻한다. 천하의 술꾼인 수주의 주량과 주도는 대적할 자가 없었다. 그는 이미 다섯 살 때부터 한 길이 넘는 술독에 기어 올라가 도둑술을 마신 천성적인 모주꾼이다. 이후 그의 선친은 집에서 술상을 펼칠 때마다 막내아들인 수주에게 두서너 잔씩 건네었다고 한다. 부친에게서 조기 주법酒法을 수련한 수주가 주객의 길로 직진할 수밖에 없음은 당연지사라고 하겠다.

선생은 생전에 술이 천대를 당할 때 몹시 불쾌를 느꼈으며 술병의 술이 줄어들 때마다 생명이 토막토막 끊기는 듯한 비애를 감지했다고 고백했다. 애주 정도가 지나서 탐주探酒, 익주溺酒 그리고 쾌음快飮, 통음痛飮 또한 고래같이 마시는 경음鯨飮 등을 반복하고 기상천외한 풍류행각으로 고난을 겪게 된다.

나는 그의 수필 중에서 술자리 풍경을 적나라하게 그려낸 〈백주에 소를 타고〉를 가장 좋아한다. 어느 날, 수주 선생의 집에 공초 오상순 시인, 성재 이관구 주필, 횡보 염상섭 소설가가 찾아왔다. 이른바 3주선酒仙의 내방에 주머니를 모두 털었으나 네 주당이 해갈하기에는 턱없이 부족한 금액이었다. 그래서 심부름하는 아이를 시켜 동아일보사로 편지를 보냈다.

편집국장이던 고하 송진우에게 부탁해서 원고료 50원을 선금으로 당기는데 성공을 한 것이다. 당시 일본인 순사 월급이 60원이라 했다니 원고료치고는 꽤 큰 금액이라 여겨진다. 수주의 표현대로 "우화 중의 업오리 금알 낳듯"한 거금을 거머쥐게 되었다.

이리하여 네 주당은 술과 고기를 사서 성균관 뒷산 사발정 약수터로 야유회를 나가게 되었다. 그런데 그들이 산 술은 쩨쩨하게 한두 병이 아니라 한 말 소주였다. 요즘 단위로 18리터이니 무려 작은 병으로 따져 50병이 나온다. 그때의 술은 지금처럼 낮은 도수가 아니고 독주라는 것을 감안할 때 일인 당 10병도 넘게 마셔댔을 것이다. 어마어마한 주량이 아닐 수 없다. 그들은 객담, 농담, 고담古談, 치담痴談, 문학담을 두서없이 즐기며 야유를 보내었다.

그런데 갑자기 맑은 하늘에 먹구름이 끼고 삽시간에 소나기가 쏟아졌다. 그때 공초 신생이 대자연과 인간 사이의 이간물離間物인 옷을 찢어 버리자는 제안을 했고, 천질天質이 비겁하지 않은 나머지 사람들도 이에 곧 호응하였다. 폭우 속에 벌거숭이가 된 주당들은 기분이 고조되어 춤추고 노래하다가 급기야 소나무에 매여 있던 소를 타고 개선장군처럼 종로 거리로 진출하기에 이른다. 물론 대낮 누드 퍼포먼스는 봉변으로 실패하고 만다.

후일 빈 국제펜클럽대회에 참석한 변영로는 세계문인들 앞에서 유창한 영어로 이 이야기를 털어놓았다고 한다. 요절복통한 문인들이 즉석에서 수주에게 '동양의 버나드쇼'라는 작위를 내렸다고 하니 그의 주성酒性은 일찍부터 한류 바람의 불씨를 심어놓은 것이다.

자신을 발가벗겨서 타인을 웃긴다는 것은 대단한 용기이다. 현대 주당들이 아무리 흉내내기에 돌입하더라도 식민지 시대의 진정한 풍류를 알고 살아간 변영로 선생의 경지에 이를 수 있겠는가. 어지간한 주호酒豪라도 수주 선생 앞에서는 묵사발이 되고 말 것이다. 참으로 진정한 자유인이다. 남성문인이라면 어찌 이러한 기개가 부럽지 않을까.

수주의 글에서는 술꾼의 멋과 품격이 무엇인지 생각하게 된다. 대취 후 나신으로 소 등을 타고 음주운전을 한 그 시대는 문인文人의 풍류가 허용되었다. 이러한 명정이야말로 문인의 낭만이며 문학의 연장선이라고 치올리기도 했다. 만약 오늘날 문인이 술바람에 옷을 벗고 소를 탄다면 어찌 될까. 두말할 필요도 없이 신문 가십gossip거리가 되며 탈선 주벽으로 낙인 찍힐 것이 틀림없다.

취하지 않고도 광태가 죽 끓듯 하는 야박한 세상이다. 주선酒仙을 넘어 주신酒神의 경지에 도달하더라도 시대가 허용치 않으면 한낱 광기狂氣에 지나지 않는다. 현세의 술 좋아하는 문인들이 풍류의 시대를 그리워하듯 나 또한 그러한 기인들의 낭만이 그리울 뿐이다. 지금쯤 수주 선생이 살아계신다면 당시의 치기 어린 광연을 탓하며, 만주벌판으로 나가 말을 타고 쌍권총을 든 독립군이 되지 못함을 개탄하고 있지나 않을까.

불주객인 나로서는 봄비에 젖는 벚꽃잎이나 바라보며 명문名文에 대취하여볼 일이다.

오리에게 길을 묻다

깝북, 숨넘어가는 소리다. 평소 그녀답지 않은 호들갑이 이어진다. 전화기를 타고 넘어오는 목소리가 흥분을 뛰어넘어 광분에 가깝다. 인가도 없는 호젓한 시골 길을 달리던 중 도로 중앙에 떡 버티고 섰던 새끼 오리 한 마리를 주웠다는 설명이다.

남편을 여의고 혼자가 된 친구의 삶은 언제나 건조하다. 봄꽃이 피거나 가을물이 들어도 심드렁한 표정은 좀처럼 바뀌지 않고, 제철 음식이나 진귀한 물건을 봐도 마주치는 눈길은 무덤덤하기만 하다. 꽃 화분 하나 돌보지 못할 만큼 삶에 지치고 세상 어떤 일에도 설레지 않는다는 그녀가 아파트 거실에서 오리를 키우겠다고 선포한다. 오십 줄의 여자가 강아지도 고양이도 아닌 오리와 동거라니.

실시간으로 보내온 영상에 저절로 웃음이 난다. 적당히 살이 오른 엉덩이를 좌우로 실룩거린다. 제아무리 목을 길게 빼고 가슴을 추켜세워도 관능미라고는 찾아볼 수 없는 몸짓이건만 미인대회라도 출연한 양 단독 워킹으로 거실 퍼레이드를 펼친다. 뿐만 아니라 주방과 안방, 심지어 화장실까지도 주인 옷자락을 좇아 바짝 따라붙는 오리의 행보가 눈물겹기까지 하다. 탁정託情의 위력이 단단한 마음을 흔들어놓았다.

어릴 적 시골에서 오리를 키운 적이 있다. 뒷강으로 흐르는 개울 한편에 낮은 울타리를 치고 새끼 오리들을 풀어뒀다. 나는 오리 무리를 이끌고 강비탈을 오가며 길눈을 터주고 통발에 걸린 작은 물고기를 갖다 주며 어린 주인 노릇을 톡톡히 했다. 나를 믿고 뒤뚱대며 따라오는 오리들이 무조건 좋았다. 노란 주둥이로 꽥꽥거리는 울음소리가 든든했고, 가끔 무리에서 이탈한 청둥오리가 다가가거나 목줄이 풀린 염소가 기웃거려도 도망치지 않는 우직한 배짱이 기특했다.

이곳 낙동강에 터를 닦은 옛 가야인들도 오리를 특별하게 여겼다. 그들은 모래톱을 사이에 두고 오가는 오리들이 이승과 저승을 이어주는 새라고 생각했다. 당연히 인간의 마지막 길을 오리가 인도한다고 믿었기에 오리 모양 토기를 망자와 함께 묻었다. 그 영혼의 새가 오늘도 솟대 위에 앉아 인간의 삶을 영겁의 시간으로 이끄는 것이다.

오리를 생각하면 떠오르는 사람이 있다. 몇 년 전 난소암으로 세상을 뜬 화가 김점선이다. 그녀와는 일면식이 없지만 꾸미지 않는 외모와 불도저 같은 말투, 도발적인 생각으로 탁탁 문장을 후려치는 글솜씨가 인상적이었다. 대개 새나 말, 오리와 물고기 등을 평면으로 풀어놓은 그녀의 그림은 천진난만하기 그지없다. 무엇보다 오리를 그리는 것이 마음에 들었다. 그 오리들을 오래 들여다보고 있으면 천천히 움직이는 착시가 일기도 한다.

나는 언제부턴가 그녀의 그림이 눈에 띄면 오려서 이 책 저 책 갈피에 끼워두는 습관이 생겼다. 그동안 모은 오리 그림들을 훌훌 털어본다. 꽃밭의 오리, 고택에 간 오리, 여인의 품에 다소곳이 안긴 오리들이 방바닥에 구른다. 가랑이를 쫙쫙 벌리며 몸뚱이를 반쯤 물에 담그고 있는 오리도 눈에 띈다. 그 오리들을 쭉 이어놓으니 고개를 같은 방향으로 향하고 어딘가를 가는 것이 신기하다. 마치 내가 꿈속에서 고향 외딴집을 향해 들길을 내달리는 것처럼 화가 역시 오리를 통해 이상을 좇았던 것은 아닌지.

내가 오리를 좋아하는 가장 큰 이유는 걸음걸이 때문이다. 조금은 뒤뚱거릴지라도 직진을 지켜내는 걸음을 경배하고 싶다. 오리는 뒷걸음을 거부하고 당당히 바람과 마주하여 걷는다. 옛날 우리 집 오리들이 바람에 날개를 흩트리며 걷는 모습을 나는 한번도 본 적이 없다. 넓적부리를 꽉 다물고 단풍잎 같은 발자국을 꾹꾹 찍으며 강바람 사이로 씩씩하게 나아갔다. 그 모습을 보면 사람도 움츠린 어깨를 펴게 된다. 어느 근위병이 이처럼 용감할까. 삭풍이든 강풍이든 견뎌내는 의연함. 그것이 한없이 대견스럽다.

동물들이 태어나서 처음 각인한 것이 어미라 한다. 어떤 연유인지는 모르나 갓 부화한 새끼 오리가 우연히 친구를 만난 것도 직진의 길을 따랐기 때문이 아닐까. 세상 모든 길이 운명의 끈으로 이어졌다면 삶의 길에서 맞는 역풍도 피할 일이 아니다. 그냥 걸어가 볼 일이다.

이름 성형

낯선 이름이다. 영자가 은서로 바뀌었다. 동창생 영자는 반세기 동안 함께했던 자신의 이름이 시류에 맞지 않는다는 이유로 고민하더니 드디어 개명을 하고 말았다. 바뀐 이름을 불러보니 자꾸 혀가 까끌해진다. 왠지 예전에 내가 알고 있던 영자가 아닌 것만 같다. 이런 내게 그녀는 무안해하면서도 전에 없던 명함까지 새긴 걸 보아 새 이름이 매우 흡족한 모양이다.

이름은 겉옷과 같다. 만물은 각자의 이름을 가진다. 헝겊으로 만든 끈 하나가 대님이 되기도 하고 옷고름이나 치마끈으로 묶이기도 한다. 길이와 굵기에 따라 끄나풀로 또 노끈으로 사용되다가 밧줄로도 힘 쓰인다. 같은 줄기에서 나온 박도 바가지를 만들면 탈바가지가 되고 물바가지와 쌀바가지도 되는 것이다.

사람의 이름도 마찬가지다. 부모라면 자식이 태어날 때 이름만큼은 잘 지어야겠다고 다짐한다. 덕망 있는 작명가를 찾아 멋진 이름을 지어주려 애쓴다. 한번 정해진 이름은 그림자처럼 주인을 따라다니며 생사고락을 같이 나눈다. 누구나 자신의 이름이 상서로운 일에 오르내리기를 바라며 좋은 기억과 더불어 연상해 주기를 기대한다. 타인에게 의미 있게 불릴 때 비로소 자신의 존재를 인정받는 게 이름이다.

나는 남의 이름을 쉽게 기억하지 못한다. 사람의 이름뿐만 아니라 나무와 꽃과 물고기 이름까지 잘 모른다. 눈을 감고 생각하면 몸피나 인상만 떠오른다. 마른 흙처럼 내려앉을 것만 같은 남자의 어깨와 강바람 소리를 밀고 일어서던 야윈 나무와 봄눈에 묻혔던 작은 들꽃 같은 이미지만 뚜렷하다.

하물며 엉뚱한 이름을 붙이는 실수가 다반사다. 오랜만에 만난 사람에게 옳게 생각난 이름조차 선뜻 부를 용기를 내지 못한다. 그때마다 낭패를 모면하고자 선생님이란 지칭으로 얼버무리고 만다. 어쩌나 떠올린 이름을 이 나무 저 나무에게 갖다 붙이거나, 구불구불 내려오는 러브체인꽃을 '파마꽃'으로 튀밥 같은 박태기나무의 꽃을 '박상꽃'으로 마음대로 작명까지 하였다. 물고기 이름은 더욱 헷갈려서 수족관의 물고기와 눈이 마주쳐도 제대로 이름 한번 불러주지 못했다. 나무와 꽃과 물고기에게도 미안하기 그지없다.

이름을 모른다는 것은 사람의 얼굴과 나무와 꽃의 얼굴과 물고기의 얼굴을 모르는 것과 같다. 나를 한번만 보고도 다시 만났을 때, 나의 머리 모양이 바뀌었고 색안경까지 끼고 있는데도 정확하게 내 이름 석 자를 부르며 손을 내미는 사람이 있었다. 가히 눈썰미의 달인이며 내가 진정 존경하고 싶은 사람이다. 그가 아마 원시시대에 살았다면 부족의 족장쯤은 거뜬히 했지 싶다.

그럼에도 무릎을 탁 치게 하는 이름은 기가 막히게 기억한다. 고향 마을의 땃줄이 언니와 딸막이 아지매는 촌티 이름 덕분에 아직도 종종 안부가 궁금하다. 언젠가 시골 장터의 만물가게에서 '먹의 바다[墨海]'라고 붙여놓은 벼루를 보고 전율을 느껴 지갑을 털기도 했다. 문우들과 함께 갔던 서면의 '오! 춘자 비어'와 기장 해변 길에서 본 장어구이집 '곧 텔레비전에 방영될 집'이나 낭만적인 주인장이 그려지는 '닭터지바고 치킨집' 같은 이름도 잊을 수 없다. 그 이유는 본성이 지니고 있는 섬광 같은 이미지를 콕 찔러 이름 붙였기 때문이다. 그러니 오래도록 마음 붙드는 사람의 이름을 들으면 그의 행동과 정신 모두를 연상하고, 특별한 장소를 떠올리면 단박에 옛 추억을 펼쳐내게 된다.

이름은 인격을 상징한다. 어떠한 외풍에도 외눈 하나 까딱하지 않는 사람도 이름이 훼손당하는 것을 가장 두려워한다. 예부터 이름을 공개하여 처벌하는 것을 중형으로 여겼다. 양반이면 만인 앞에 자기 이름을 써 들고 앉아있는 명예형을 가했고, 요즘도 호화 결혼자나 고액체납자의 명단을 밝히고 있다.

우리는 다시 않겠다고 할 때 “성을 갈겠다.”라고 한다. 그보다 더 단호한 다짐이 있을까. 이름을 세상에 나게 하는 것도 어렵지만 산중 깊이 뿌리박은 나무가 거목으로 자라듯 이름을 드러내지 않는 일이 더 힘들다고 생각한다.

이름을 바꾸는 것이 급물살을 타고 있다. 대다수 사람은 자신의 이름을 숙명으로 여기지만 놀림거리가 되거나 촌스럽다면 바꾸고 싶어 한다. 인생이 힘들거나 풀리지 않을 때는 더욱 이름 탓을 하게 된다. 얼굴 성형으로 자신감을 가지는 시대에 이름까지 성형하는 패션 아이템도 유행이 아닐는지. 개명으로 이름이 진화하는 것을 어느 정도 받아들여야 할 때다.

영자가 달라졌다. 출렁이던 뱃살도 낮아졌고 거칠던 피부도 윤이 나며 느릿한 말투에도 교양이 묻어난다. 헤어질 때 바닥을 치는 구두 굽 소리가 당당하다. 이름은 주어지는 것이 아니라 스스로 만드는 것이라고 강변하듯이.

자기만의 방

단. 칸. 방.

어릴 적 우리 집은 방이 하나밖에 없었다. 들판 한가운데 내려앉은 둥근 초가지붕 하나. 마당과 경계 없이 사방으로 탁 트인 논과 밭. 새들의 울음을 싣고 흐르던 낮고 긴 강. 둥글게 그어졌던 지평선 그림자. 그리고 네 식구가 누우면 군불이 약해도 훈훈하기만 했던 방. 내가 태어나 이십 년 동안 살았던 그곳은 어머니의 자궁처럼 편안했다.

방 안에 켜둔 호롱불은 밤이 깊도록 꺼지지 않았다. 가끔 겨울바람이 문풍지를 흔들면 그을음을 내는 불꽃은 바람에 밀렸지만, 독서나 바느질을 방해하진 않았다. 시골 외딴집까지 전기선이 닿으려면 따로 전봇대를 세워야 한다고 했다. 우리 집에 그런 큰돈이 있을 리 없었다. 매일 호롱에 석유를 붓고

불을 댕기는 일은 내 몫이었다. 어쩌다 마실이라도 갔다 늦은 날이면, 아버지는 무화과나무 울타리에 등불을 하나 더 달아두었다. 멀리 보이는 외딴집은 들판의 섬이었고 그 장명등은 어린 마음이 따라갈 길을 만들어 주었다.

집을 나서면 논두렁과 미나리꽝 길이 탯줄처럼 이어졌다. 한 시간 넘게 걸어야 읍내 초등학교에 다다를 수 있는 그 길은 촌아이 눈 뜨임의 길이었으며, 지금도 한 번씩 찾게 되는 회귀의 통로이다. 나는 그 길을 따라 조금씩 세상 밖으로 나왔다.

그러다 우연히 읍내 친구 집에 놀러 갈 기회가 생겼다. 이층 하늘색 양옥집에는 당시 드물게 수세식 화장실이 딸려 있었다. 친구 어머니는 꾀죄죄한 시골 아이에게 절편과 꿀이 담긴 간식을 내어왔다. 어린 눈에 비친 친구의 방은 경이로웠다. 작은 옷장과 혼자 쓰는 서랍장이 있었고 나무로 만든 앉은뱅이 책상이 놓여 있었다. 놀라웠다. 아홉 살 아이에게 책상이 있는 자기만의 방이라니.

이후 소원은 내 방을 하나 갖는 것이었다. 게다가 작은 탁자라도 하나 놓으면 세상 부러울 게 없을 것 같았다. 나만의 공간 만들기가 시작되었다. 방 한쪽에 이불을 쌓아올려 몸을 숨겼고, 우산을 구석에 펼쳐두고 그 속에 쭈그려 앉아 책을 읽었다. 어떤 때는 쪽마루 아래 보자기를 발처럼 내려놓고 먼지를 뒤집어쓴 채 잠이 들기도 했다. 나만의 공간은 무시로 지어졌다 헐리기를 반복했다.

훌쩍 이십 년이 흘렀다. 단칸방 생활은 아버지의 죽음 이후에 끝이 났지만 내 방은 없었다. 동네 복판으로 이사를 나와서는 어머니와 한방을 썼고, 어머니 죽음 후에 동생과 함께 지냈으나 여전히 자신만의 공간은 없었다. 결혼 후에도 마찬가지였다.

그동안 나는 국문학 공부를 하였고 문학 강좌를 들으며 습작을 시작했다. 그즈음 우연히 책상도 밥상도 아닌 앉은뱅이 나무 탁자가 하나 생겼다. 젊은 공학도가 과제용으로 만들어 제출하고서 버린 것으로 아무도 그 탁자에 관심을 두지 않았다. 나는 그것을 베란다 한쪽에 놓고 시간이 날 때마다 탁자 앞에 고개를 숙인 채 책을 읽고 일기를 쓰고 글감도 생각했다. 아마 그곳이 처음으로 갖게 된 나만의 작은 자리였지 싶다. 그러나 방에 대한 공간의 꿈은 이뤄지지 않았다.

세월이 흐르면서 한동안 '자기만의 방'을 꿈꾸던 일을 잊어버렸다. 현실의 무게가 너무 무거웠던 탓이다. 종일 학원에서 학생들을 가르쳐야 했고, 늦게 귀가하면서 탁자에 앉아 글 한 줄 쓸 여유는 더더욱 없었다. 마음의 문은 저절로 닫혔고 상처는 안으로 고였다. 곪은 속을 쏟아낼 나만의 방을 갖기란 요원한 일이었다.

나무 탁자를 다시 펼치기까지는 꽤 시간이 지났다. 마음을 추스르고 수필이란 글밭에 발을 디디면서 구석에 세워둔 탁자를 주방 한쪽으로 옮겨왔다. 그곳에서 글을 써 내려갔다. 스스로 다독이며 자신의 껍질을 벗겨 내기로 작정했지만 쉽지 않았다. 부끄러운 삶을 드러내는 글쓰기를 못하는 까닭이다. 글은 잘되지 않았고 나는 다시 '자기만의 방' 찾기에만 마음이 쏠렸다.

그러다 드디어 내 방이 생겼다. 해풍이 부는 산자락에 소담한 아파트 한 채를 마련했다. 세 개의 방과 거실이 딸린 집인데 창문 가득 푸른 산이 내려앉은 곳이다. 문간방 두 개는 딸에게 내어 주고, 나는 지척에서 나무가 흔들리고 초록 빛살이 번지는 창가 방을 선택했다. 책장을 옮기던 첫날에 책탑을 쌓는 일이 그렇게 신날 수가 없었다. 무엇보다 반가운 일은 그때의 나무 탁자가 제자리를 찾은 일이다. 나는 그 앉은뱅이 탁자를 방 가운데로 모셔왔다.

크거나 화려하지 않지만 방에 탁자를 놓으면서 무한의 공간이 생겼다. 비록 좁은 방이지만 성찰의 자리이고 희망의 공간이며 문학의 산실이 될 것이다. 어쩌면 이곳에서 내가 글을 만드는 게 아니라 글이 나를 만들어 갈 것이라 여긴다.

버지니아 울프는, 여성이 글을 쓰려면 돈과 자기만의 방이 필요하다고 했다.

흙, 잠에서 깨다

창밖에 초록물이 내려앉았다. 며칠간 비를 머금었던 나무들이 가지마다 봄기운을 흔들고 있다. 봄은 숨은 촉의 향기로부터 오고 가을은 마른 잎 소리로 깊어간다. 그러기에 잎자국 속에서 다시 돋는 계절을 기다리는 일은 언제나 마음 설렌다.

지난겨울이 끝나갈 무렵, 이른 봄을 만나러 나섰다. 매향의 알싸한 맛에 욕심을 내어 가까운 원동 매화마을로 향했다. 산허리를 휘감으며 풀어내는 순백의 꽃잎이 강변 찬바람을 밀어내고 있었다. 잠시 머문 산자락의 매실 농원에서 어렵사리 매화 모종 한 주를 얻었다. 작은 체구이지만 줄기가 딴딴하고 꽃봉이 제법 맺혀있었다. 마침 베란다 한켠에 엉거주춤 놓여있는 빈 화분이 생각났다. 머지않아 꽃등을 피워올릴 것을 생각하니 마음에서 먼저 달큰한 바람이 일었다.

하지만 옮긴 지 한 달도 채 되지 않아 시들병에 걸린 양 허청대더니 쪼그라들면서 말라버렸다. 기대했던 꽃불은커녕 꽃심지도 올리지 못했다. 한 줌 흙을 움켜쥐었던 나무는 어쩔 수 없이 창 밖 숲으로 내던져졌다. 봄꽃이 마음에서 지니 온몸의 기운마저 꺾여 버렸다. 잔뿌리를 털어낸 화분은 속이 퀭하게 꺼져 있었다. 푹 파인 모양새가 속앓이한 마음 같기도 하고 외딴 골에 남아있을 스산한 토굴을 떠올리게도 했다.

화분을 선뜻 치울 수가 없었다. 그대로 창 밖 화분틀 위에 올려놓았다. 잠시나마 매향을 꿈꾸었던 도량이라 애틋한 마음이 깊어졌다. 나는 무시로 화분 주위를 기웃거려댔다. 차돌을 몇 개 주워와 메우기도 하고 반쯤 남은 흙 위에 엉그름이 생기면 간간이 물도 뿌려주었다.

매화의 계절이 지나간 후에도 아쉬운 마음은 여전했다. 그즈음 함양에 있는 논개 묘에 갈 기회가 생겼다. 봉분은 한적한 야산 위에 기개만큼이나 오롯이 솟아 있었나. 세단을 따라 묘역에 오르자 무덤 주위에 솜털을 뒤집어쓴 할미꽃이 흩뿌리듯 피어있었다. 추모비에는 열아홉 청춘의 논개를 역사의 꽃이라 새겨놓았다. 문득 이 꽃이야말로 충절의 화신花神이 아닐까 싶었다. 집에 있는 화분의 빈자리가 자꾸만 아른거려 슬쩍 한 뿌리를 캐내는 박행薄行을 저지르고 말았다. 이송되어온 할미꽃은 잠시 나팔 같은 꽃잎을 여는 듯하더니 이내 저항이라도 하듯 봉오리를 꾹 다문 채 굳어버렸다.

오월의 나무들은 더 큰 몸짓으로 바람을 맞으며 일렁였다. 하지만 창문 곁에서 제구실을 못하는 화분만 생각하면 종내 못마땅했다. 내 방은 창 너머로 앞산이 코앞에 닿을 듯 펼쳐지고 사철 새소리가 멈추지 않는 곳이다. 때마침 박새 떼가 둥지를 튼 덤불에 눈길이 머물렀다. 저 새라도 빈 화분에 앉아주었으면 하는 마음이 간절했다.

며칠이 지났다. 박새를 한번 꾀어보기로 작정했다. 텔레비전에서 본 어느 스님 흉내를 내었다. 스님이 긴 막대기에 땅콩을 올려 내밀면 새들이 잠시 머뭇대다 경계를 풀고 쪼아 먹곤 했다. 나는 옳다구나 싶어 하루 몇 차례씩 땅콩을 막대 위에 얹어놓고 유혹했다. 새들이 입맛을 들이면 땅콩을 화분 위로 옮겨 유인할 요량이었다. 이 우스꽝스러운 행동은 한동안 계속되었다. 간혹 막대 쪽을 향해 눈주기를 하는 놈도 있었지만 대부분은 호의를 외면했다. 아예 남은 땅콩을 수풀 위에 수북이 던져 주고 은근슬쩍 곁눈질을 해봐도 반응은 신통찮았다. 새들의 눈에도 내 얕은꾀가 가소로운 모양이다.

늦여름이 지나도록 화분은 아무런 변화가 없었다. 찬바람이 이는 계절이 되자 더 이상 화분에 눈길이 가지 않았다. 나는 겨울 동안 창문을 닫고 커튼을 여미었다. 그러는 사이 화분은 까마득히 잊혀졌다.

다시 봄이 왔다. 창밖 나무들은 새순을 올렸고 숲의 초록빛은 더 짙어졌다. 그런데 작지만 놀라운 변화가 생겼다. 화분에서 푸른 이끼가 돋았고 실밥 같은 풀 몇 가닥이 뿌리를 내리고 있었다. 게다가 괭이밥 씨앗이 산바람에 실려와 잎을 틔워냈다. 잎사귀 사이로 볕살이 스며들고 지문 같은 거미줄은 그늘을 만들었다. 이 모든 풍경을 완성이라도 하듯 깍지벌레 하나가 꼬물거리고 있었다. 내가 방 안에서 초봄을 외면하고 있는 동안 고 작은 것들은 시련과 역경을 견뎌내었다. 그들은 자연의 경이로움을 함께하고 있었던 것이다.

그러다 오늘 뜻밖의 손님을 맞았다. 무심코 화분을 들여다보다가 청개구리 한 마리와 눈이 딱 마주쳤다. 나는 알 수 없는 전율에 온몸이 굳어버렸다. 반드레한 차돌 위에 초록 이끼 같은 민둥한 등이 정좌를 하고 있다. 호기에 찬 내 모습과는 달리 한 치의 흔들림도 없다. 그와 나 사이에 정적이 인다. 투명한 눈동자를 응시한다. 어디서 어떻게 왔을까. 화살나무 잎가지를 거쳐 아파트 돌벽을 타고 사 층까지 오른 것임이 틀림없다. 한때 기다렸던 박새 대신 생각도 못한 청개구리가 넘실 공중정원에 먼저 발을 내디딘 것이다. 모험심과 두둑한 배짱을 가졌으니 야상군자也上君子라 불러도 좋을 듯하다.

개구리가 제아무리 벽 타기 선수라지만 엊그제 비로소 경칩이 지났는데 오늘 몸소 나를 찾아온 까닭은 무엇일까. 해마다 봄을 기다리는 내게 이른 봄을 전하고자 고행을 자처한 것은 아닌지. 그것이 아니라도 세 번이나 사라져버린 내 봄꿈을 위로해주기 위해 온 건 아닐까.

그러고 보니 비어있다고 억지로 채울 일이 아닌가 보다. 작은 화분이 작은 생명을 얻듯 봄은 만드는 것이 아니라 찾아오는 것임을. 흙이 깨기를 기다리면 씨알도 새움을 틔우는 법. 만물의 연緣도 저절로 닿아야 만고의 이치가 아닐는지.

얼음재

가끔 겨울산을 오른다. 운이 좋으면 서리꽃이 핀 고사목과 설화雪花 그림자를 안은 화석 같은 바위를 마주할 수 있다. 그러한 겨울산에 눈발이라도 내리면 사람도 순백의 고운 나무가 되는 것을.

고운 빛, 고운 색깔이란 말에서 문득 젖은 음성 하나 붇어나온다.

"색깔 고븐 옷 좀 입고 댕기라."

아득한 내 어머니 목소리다.

나이가 들어갈수록 겉모습에 자신을 잃어간다. 그러다 보니 새 옷을 살 때마다 옷 색깔을 많이 고민하게 된다. 채도가 낮거나 무채색을 선호하는 편인데, 이러한 취향은 비단 어제오는 일이 아니다. 재기발랄한 여고생 때도 중늙은이처럼 회색 스웨터나 검정 바지를 주로 골랐다. 그러면 어머니는 "야야, 그기 그래 맘에 맞나?" 하며 옷값을 선뜻 치르지 못한 채 화사한 색깔 옷에 눈길을 주고 서성였다.

다채로운 색이 세상에 많지만, 어머니의 색은 '고븐 색'과 '안 고븐 색'인 두 종류로만 나뉜다. 옥색과 분홍색, 참외 물이 든 것 같은 치잣빛과 봄꽃처럼 밝은 색은 '고븐 색'이고, 회색과 검정, 흙탕물을 섞은 듯한 갈색과 겨울 부엽토 같은 칙칙한 색깔은 '안 고븐 색'이다. 그러니 내가 입은 어두운 옷은 당최 어머니 눈에 찰 리가 없었다.

라스트 콘서트라는 영화를 종종 생각한다. 마지막 장면이 가슴을 때린다. 불치의 병에 걸린 스텔라는 연인 리처드가 재기의 무대에 서는 날, 자신을 위한 피아노 연주곡 '스텔라에게 바치는 콘체르토'를 들으며 생을 마감한다. 삶의 끝도 언제나 혼자인 법. 그러나 사랑의 눈길을 기억할 수 있다는 것은 얼마나 다행한 일인가.

마음이 무너진다. 저승의 어머니는 내게 얼마나 할 말이 많을까. 당시 '고븐 색'만을 고집한 건, 훗날 딸의 삶도 곱게 채색되길 바라는 마음이 앞섰기 때문일 게다.

바위능선을 따라 비탈진 산길을 걸어본다. 겨울산은 온통 적갈색 마른 잎이 낮게 엎드려 있다. 키 큰 산벚나무가 싸리비 같은 가지만 남긴 채 옹이진 속을 훤히 드러내었다. 저 나무들도 지난봄에는 녹의홍상 치장을 하고서 행락객의 눈길을 옭매었을 것이다.

사람들은 자연의 겉만 보고 곱다고 생각한다. 봄꽃과 여름의 녹음과 가을 산의 갖가지 색을 자연의 '고븐 색'이라 여긴다. 그러기에 우리는 꽃이 진 자리와 단풍을 떨어뜨려 낸 나무를 눈여겨보려 하지 않는다.

아름다움이란 열정 뒤에 남는다. 한나절 뿜어내던 해의 그림자인 석경夕景에 탄성을 지르고, 화르르 무너져 내린 동백 꽃잎에 눈길 떼지 못한 이유가 여기에 있다. 겨울나무가 굳은 몸으로 서 있어도, 강물을 건너오는 빈산이 꽃빛을 담아내지 못해도 그것은 단지 회색이거나 갈색이라고 부를 수 없다. 심안을 뜨고 본다면 사계절 빛깔이 스며 있다는 걸 알게 되니까.

자연의 진정한 색은 겨울색이라 생각된다. 황량하고 삭막하다고 여기는 겨울의 '안 고븐 색'이야말로 한해의 결산인 셈이다. 유채색 계절에 뒤이은 겨울 빛깔은 나머지 계절을 모두 더한 색이니 이것이야말로 진정한 '고븐 색'이 아닐까.

차가움도 뜨거움 뒤에 따른다. 그러니 열정이 식었다고 냉정히 돌아설 일도 아닌 듯싶다. 때로는 해토머리 무렵, 물기 없는 화초 뿌리에서 숨은 촉을 발견하듯이 비워낸 것들에 대해 되돌아보는 용기도 가져야 한다. 내 마음 둥치에는 얼마나 많은 무심결이 박혀 있을까.

카메라 렌즈를 통하면 세상이 새롭게 보인다. 그동안 조리개를 열고 앞의 대상만 잘 찍으려 카메라를 바싹 들이대었다. 그러다 보니 심도 깊은 사진을 찍은 일이 드물었다. 사는 일도 마찬가지일 게다. 현실의 집착에서 벗어나 지나온 길의 틈새도 포용하려 노력해야 하는 것을.

타는 게 어디 불꽃뿐일까. 나는 이번 겨울 어느 날, 주흘산 얼음계곡을 유심히 살펴본 적이 있다. 밤새 얼었던 계곡물이 한낮의 햇빛에 서서히 녹기 시작할 때, 내 눈에 착시현상이 일었다. 얼음에 불꽃이 일고 뚝뚝 잿물이 떨어지기를 반복하더니 저녁 무렵이 되자 얼음은 더 녹지 않았다. 가장자리에 남은 것은 영락없이 타고 남은 얼음재였다.

파사한 얼음재는 청기 어린 순백의 색을 담고 있었다. 그것은 내가 지금까지 보아왔던 어떤 색보다도 '고븐 색'이었다. 색깔 고운 옷 한 벌 입은 계곡물이 얼음재 아래로 묵묵히 흐르고 있었다.

하얀 얼음재. 나는 자연의 겨울색에서 잊었던 목소리 하나 기억해내었다.

"색깔 고븐 옷 좀 입고 댕기라."

싸이와 사이

'강남스타일' 광풍이 지구를 흔들고 있다.

몸짱도 섹시함도 없는 가수 싸이가 넉살 좋은 얼굴로 뱃살을 흔들며 익살스레 말춤을 춘다. 근사한 턱시도를 빼입고 살찐 모차르트 같은 표정으로 춤을 추면, 비죽 붉어진 물살도 출렁출렁 리듬을 탄다.

빌보드 2위에 진입한 싸이의 인기는 지칠 줄 모른다. 런던 시장 보리스가 말춤 흉내를 내고, 팝의 여왕 마돈나는 열정적인 합동 공연을 했으며, 명문 옥스퍼드대학은 싸이에게 강연장 마이크를 쥐어 주었다. 에펠탑 인근 광장에서는 수만 명이 떼창을 부르며 단체 말춤을 추었는데, 마치 현대 옷을 입은 원시 부족들이 승전무를 추는 착시를 불러왔다. 유튜브 속의 말춤은 언어의 벽을 허물고 인종 간 틈을 좁혔다. 싸이라는 젊은 래퍼가 국가브랜드를 넘어 지구촌 코리스가 된 대박을 터트린 것이다.

틈새를 타고 패러디도 인기몰이를 한다. 홍대스타일, 대구스타일, 차이나스타일에 이어 경찰스타일, 건맨스타일도 등장하더니 새내기 운전자는 자동차 뒷유리창에 초보스타일을 붙여 애교를 부린다. 지난번 미국 대통령 선거 때에는 부자들의 탐욕에 신랄한 풍자를 담은 롬니스타일이 인기를 누렸고, 한국 역시 특정 대선 후보의 스타일 패러디로 정치를 꼬집고 있다.

강남이 어떤 곳인가. 타워팰리스니 아이파크니 하는 대형 아파트가 우뚝 선 곳, 땅값 비싸고 외제차 많고 명품 학원이 즐비한 한국의 베벌리 힐스이기도 하다. 뮤직비디오에서 싸이는 자신을 강남스타일이라고 강조한다. 하지만 아무리 봐도 그에게는 '강남특별시민'이 풍기는 고상한 이미지를 찾아보기 어렵다. 강남스타일이 되려면 몸짱에다가 세련된 정장을 갖춰 입고 가만히 서 있어도 제비 같은 매너가 좌르르 흘러야 하건만 보면 볼수록 엉뚱하다. 대낮에 노골적으로 여자 엉덩이를 훑고, 사우나에서 유행가를 부르고, 놀이터의 회전목마를 타며, 관광버스에서 막춤을 추기도 한다. 천박하고 속되기까지 하다.

하지만 그를 보며 시청자들은 웃는다. 서민들의 억눌린 욕망을 풀어주기 때문이다. 탈선적이면서 탈속적이기도 하다. 상류문화를 은근히 조롱하고 비튼다는 것을 눈치채고 있다. 예술은 때로는 고상한 숭고미보다 우스꽝스러운 해학미를 가져야 더 설득력이 있지 않은가.

얼마 전의 일이다. 내가 속한 문학단체에서 가까운 도자기 공원으로 가을 기행을 갔다. 공원 잔디밭에 야외무대가 마련되었는데 그날따라 유난히 햇살이 따가웠다. 볕이 눈부셨던 회원들은 하나둘씩 기념품으로 받은 검정 우산을 펼쳐 들고 앉았다. 뒤쪽에서 행사 사진을 찍던 나는 그 박쥐우산 때문에 사람들의 표정을 제대로 담을 수 없어 불만이었다.

그때였다. 악단의 음악이 울리자 평소 조신해 보이던 한 여류 시인이 무대 위로 뛰어 올라가 말춤을 추기 시작했다. 젊지도 늙지도 않는 그녀는 싸이처럼 파워풀한 섹시 댄스를 선보이지는 않았지만 가락에 맞추어 제법 정확한 동작을 이어나갔다. 중년 여성의 코믹한 몸짓에 회원들의 착석 자세는 점점 부드러워져 갔다. 몸이 조금씩 좌우로 흔들렸다. 아마 그동안 TV를 보며 한 동작쯤은 배워뒀던 게 틀림없었다.

분위기가 무르익자 사회자는 관중석을 향해 모두 함께 추기를 권했다. 그러자 참으로 기이한 일이 일어났다. 젊은 수필가는 물론 박힌 돌같이 묵묵하던 희수의 노老 평론가까지 우산을 접고 일어나 기마 자세로 흐느적흐느적 말춤을 따라 하기 시작했다. 순간 잔디밭은 승마장으로 변했다. 문인들이 일제히 마부로 변신하여 합동 말발굽 소리를 내면서 말고삐를 후려치는 헛손질을 해대었다. 민머리, 더벅머리를 한 결코 젊지 않은 남성문인들이 "오빤 강남 스타일~"이라 목청을 돋우면, 때를 기다렸다는 듯 생머리, 염색머리로 나이를 가늠하기 어려운 여성 문인들이 "갈 데까지 가 볼까~"라며 응수를 했다. 정말 이대로 간다면 일심만능을 이뤄낼 기세였다. 그날의 희한스러운 풍경을 잔디밭 귀퉁이에서 반쯤 물든 단풍나무 서너 그루가 지켜보고 있었다.

춤은 우리를 즐겁게 해 준다. 십대부터 중년까지 어깨를 맞대었다. 세 살짜리 어린 조카가 30대와 50대의 부자간 공백을 채우고, 권위를 내린 사장이 말춤 퍼포먼스로 다가가면 직원들은 닫힌 마음을 풀기도 한다. 춤이라는 몸말이 사람들의 틈을 비집고 들어온다. 말춤도 사람 사이를 메워나간다. 틈gap을 사이together로 바꾸는 춤이 진정한 싸이의 율동이다.

2부

가자미

납작 엎드렸다. 옹색한 길바닥 좌판이면 어떤가. 널조각 자리가 왕후금침도 부럽지 않다. 캄캄한 얼음 창고 속에 쭈그리지 않아도 되고, 덕장에 걸리는 고행길에 오르지 않는 것만으로도 다행이다. 생이란 때로는 원치 않은 곳까지 흐르기도 한다. 내가 태평양 넓은 물에서 도심 변두리 골목시장까지 올 줄 상상이라도 했겠는가.

한 뼘 길이의 손바닥만 한 나를 두고 사람들은 넙치[광어]와 견주기를 즐긴다. 눈의 방향으로 이름 내기를 하거나 모자란 생김새로 농을 친다. 눈이 오른쪽으로 쏠린 가자미와 왼편으로 몰린 광어를 구분하고자 좌광우도라는 대중어까지 만들어 낸다. 그러나 단박에 우리를 호명하며 반색하는 이는 드물다. 뱃살에 코를 킁킁대거나 눈알을 꾹꾹 눌러가며 요리조리 갸웃거리는데 간택을 기다리노라면 심장이 바싹 마를 지경이다.

나는 도미 같은 귀족도 아니고 등살이 탄탄한 고등어처럼 풍채 좋은 호남자도 아니며, 늘씬한 몸매의 농어처럼 어류계의 팔등신도 아니다. 갈치나 대구처럼 어물전 인기어는 더더욱 아니다. 아귀나 물메기의 면상에 견주어도 어금버금하다. 하지만 어력만은 신화 못지않게 진귀하다. 가자밋과 물고기를 접어라고 일컫는데 가자미가 많이 난다 하여 한반도를 접역鰈域이라 불린 적도 있다. 동의보감에는 허虛를 보하고 동기同氣하는 음식으로 이름을 올렸으며, 포츠담회담 만찬 때는 영국의 처칠 나리가 가자미튀김을 메인코스로 선정했을 만큼 황금기도 있었다.

한때 '비목어比目魚'로도 불렸다. 한 눈이 다른 눈을 좇아간 고기라는 뜻이 될 것이다. 비比는 더불어 있다는 말이다. 옛사람들은 한쪽 면이 없는 물고기를 반면어라 했는데 넙치와 가자미 역시 원래 한 마리라고 여겼나. 그래서인지 우가자미의 빈대꼴인 좌넙치를 보면 저절로 내 몸이 기울어진다. 비목동행比目同行이란 말을 생각해보라. 한쪽 면만 가진 두 몸을 붙여서 한몸처럼 다니는 것을. 이 얼마나 갸륵하고 정성스러운 일인가. 헤어져서는 절대로 살 수 없는, 죽음이 갈라놓을 때까지 운명을 함께하는 반쪽을 그대는 가져 보았는가.

우리를 가재미 혹은 납새미라고 부른다. 모양새에 따라 물가자미, 참가자미, 줄가자미로도 호명되지만 도달어鮡達魚라는 뜻의 도다리도 귀한 별칭이다. 시골에서 부르는 까재미나 섬마을에서 지칭하는 딱괴이 또한 나의 애칭이다. 무엇보다 내가 가장 마음이 가는 이름은 자산어보에 등재된 '소접'이다. 정약전 선생이야 '소접小鰈'이라 명명했지만 나는 나비 접 자를 붙여 '소접小蝶'이라 고쳐 읽고 싶다. 물고기의 작은 나비. 이 얼마나 낭만적인 이름인가.

가자미를 외눈박이로 여기지 않는 것만 해도 다행이다. 우리 눈이 처음부터 삐딱하게 한쪽으로 몰린 것은 아니다. 부화되었을 때는 여느 물고기와 마찬가지로 양측에 있었지만 위기 때마다 머리를 수그리는 습성이 배여 왼눈이 점차 오른쪽으로 옮겨졌다. 한쪽에만 눈이 붙었으니 평생을 반쪽만 보며 살아왔다고 생각하면 오해다. 사방을 아우를 수 있는 시야가 아니라도 몸을 돌려 다른 쪽을 보려고 부단히 노력을 해왔다. 그러니 가자미눈이라는 말로써 남에게 심통이나 부리는 고약한 물고기로 착각하면 곤란하다. 가자미는 태생적부터 온유한 심성을 지녔다. 물고기 중에서도 심약하기 이를 데 없어 갯지렁이나 새우를 삼키고도 무슨 큰 죄인이 된 듯 뻘바닥에 붙박여 지냈다. 하물며 어린이들도 멸치에게 맞아서 눈이 삐딱하게 돌아갔다고 얕본다. 그러나 어찌하겠는가. 생이란 타인의 눈으로 매겨지는 그림이 아닌가.

살다 보면 대접도 받고 호강도 하는 법. '봄 도다리 가을 전어'라는 말에 몸값이 치솟고, 최고 횟감으로 범가자미를 시식

한 미식가들의 쾌담이 라이벌 광어의 코를 납작하게 만들기도 한다. 육지의 콧바람을 쐬기가 무섭게 이승을 하직한다면 싱겁고 억울한 일이 아닐 수 없다. 뭍의 세상은 덤으로 얻는 삶이다. 제대로 된 생선 맛이라도 보여줘야 하지 않겠는가. 도다리쑥국으로 봄철 입맛을 돋우고, 탄력 있는 구이로 인간 식구들의 밥상을 지켜내고 있다. 양념옷으로 성장盛粧한 가자미찜이나 메좁쌀밥을 삭힌 가자미식해를 즐기지 않는다면 일류 미식가 반열에 오를 수 없다.

물고기를 문학 소재로 삼을 때 가자미만 한 것이 있을까 싶다. 문어처럼 이름자에 글월 문文자가 없어도, 오징어같이 먹물통을 지고 있지 않아도, 문학과 가자미의 인연은 깊다. 시인 백석은 그저 한없이 착하고 정다운 가재미라며 특히 친애하였다. "낡은 나조반에 흰밥도 가재미도 나도 나와 앉아서" 그 무슨 이야기라도 다 할 것 같다며 듬뿍 품어주었다. 오늘날 문태준 시인의 〈가재미〉가 애송시가 되듯이 문인들께서 귀히 여겨주시니 어물전 인부들마저 작업 가자미를 '작가'라 불러주는 것이다. 뻘밭에 묻힌 삶도 견디다 보면 누군가 알아줄 날이 온다. 인생역전이 없다면 세상사 헛것이 아닌가.

더 바짝 몸을 낮추어본다. 마른 잎이 땅에 떨어지고 나무 그림자도 길게 몸을 눕힌다. 때가 되면 지상의 모든 것이 아래로 엎드린다. 바닥의 삶이라도 어떤가. 생을 먼저 깨우쳤다고 위로하면 괜찮다. 이만하면 가히 됐다.

이층 이발소

삼색등이 빙글 돌아간다. 널브러진 판자 더미 옆에서 육지의 등대인 양 꿋꿋하다. 달동네 고갯길 모퉁이에 선 이층 이발소. 주변은 올해부터 재개발 공사가 시작되었다. 이주 명령이 떨어지자 철거촌의 으스스한 분위기에 짓눌린 주민들은 예상보다 서둘러 짐을 꾸렸다. 몇 개의 점포들만 남아서 버티더니 지난달에는 단골 김밥집과 쌍둥이네 떡집도 시장으로 터전을 옮겨갔다.

저 이발소. 유행에 뒤처지고, 미용실과의 한판 승부에 밀리고, 이제 개발의 대열에서마저 낙오될 지경에 이르렀다. 한때 나는 저곳을 드나든 적이 있다. 십오륙 년 전 이발사 부부의 연년생 아이들에게 글쓰기 지도를 했다. 수업이 있는 날이면 가정집을 개조한 일층 이발소 문을 열고 이층으로 향하는 좁고 가파른 계단길을 올랐다.

이발사 부부는 조용했다. 당시도 손님이 드문드문 있었는데 난로 앞에서 졸거나 연속극을 보다가 내가 들어서면 화들짝 놀라 일어서는 모습에 항상 미안했다. 주로 남편은 머리를 깎고 부인은 면도를 해주었다. 나는 묵례를 하면서도 이발소 안 풍경에 자꾸만 눈길이 쏠렸다. 타일로 붙여 만든 개수대와 가지런히 놓여 있는 면도 기기들과 벽에 걸린 영업허가증, 그리고 성화가 그려진 모조 그림 액자들이 눈에 익었다. 비누 거품이 내뿜는 향기와 포마드 기름 냄새가 이층방까지 올라왔지만 역겹지가 않았다. 손기술 하나로 평생 가족을 먹여 살린 부부 이발사의 가위질 소리는 언제나 경건했다.

내가 어릴 적에는 남녀를 불문하고 아이들은 이발소에서 머리를 잘랐다. 주로 남자아이들은 빡빡 밀고, 여자아이들은 뒤에 층이 있는 상고단발을 했다. 나는 아버지를 따라 읍내 장터 이발소에 다녔다. 나무의자에 설친 빨래판에 앉아 고개를 숙이면 뻑뻑한 수동 바리캉이 뒤통수를 집기도 했지만, 으레 이발 후에 맛보았던 순대국밥을 생각하며 질끈 눈을 감았다. 아이에서 소녀로 성장하면서 조선무처럼 목덜미를 훤히 드러내던 머리 모양을 더 이상 하지 않았고 이발소는 관심에서 멀어졌다. 그리고 그곳은 어느새 여자들에게 금기의 장소가 되어버렸다.

호시절이 지나가고 이발소도 설 자리를 잃었다. 후미진 골목으로 숨어들거나 목욕탕 귀퉁이로 자리를 옮겼고 남아 있는 이발소도 폐업 위기다. 단골손님은 점점 세상을 떠나가고 젊은 층은 최신 헤어스타일을 연출해주는 미장원에 간다. 이발소라는 간판은 헤어숍이나 헤어살롱이라는 이국 명에 빛이 바래고, 이발사理髮師로 격상된 호칭마저도 당당히 자신의 이름을 내건 헤어디자이너에게 패권을 넘겨주고 말았다.

그런데 최근 어느 유명 미용사에게도 지지 않을 자존심을 가진 이발사를 보게 되었다. 그는 울진 후포리에서 진이발소를 운영하는데 요즈음 유행하는 TV 예능 프로그램의 몇몇 출연자 머리를 다듬고는 일약 스타가 되었다. 아무리 유명 연예인이 찾아와서 조목조목 압구정동 헤어스타일을 나열하더라도 “맽기세요!”라는 한마디로 상황을 종료시킨다. 안광이 예사롭지 않은 60년 관록의 이발사가 흰 이발보를 어깨에 올리는 순간 이어지는 절차에는 모조리 순종하게 된다.

진이발소에는 투박한 이발 의자와 자루식 면도칼과 머리에 물을 붓는 물뿌리개까지 옛것을 고집한다. 심지어 플라스틱 솔로 머리를 박박 문질러 감기고 독립투사를 연상시키는 2대 8 가르마로 마무리 짓는다. 생뚱맞은 변신에 손님이 고개를 갸웃하거나 지켜보던 구경꾼이 폭소를 자아내도 그는 자신의 방식에 흔들리지 않는다. 작은 어촌마을의 옛 이발사가 송강호가 나오는 ‘효자동 이발사’나 연재만화 ‘삼봉이발소’보다 인기 있는 이유는 그만의 배짱과 철학이 탄탄한 까닭이라 여겨본다.

최근에는 대접받고 싶어하는 남심男心 공략으로 현대식 이발소인 바버숍Barber Shop이 등장했다. 모던하고 클래식한 인테리어에 헤어자판기가 등장하여 원하는 스타일을 살려내고, 다양한 컬러링과 파마가 가능한 남성전용 고급 헤어숍이다. 과거 영국의 이발사가 외과의를 겸업했듯이 날 선 면도기를 든 현대 바버들의 모습에서 그때와 같은 결기가 담긴 듯 숭고해 보인다.

남성 심리를 누구보다 잘 아는 자가 이발사일 것이다. 삶에 지친 가장을 등받이 의자에 뉘어주고, 손톱을 자르고, 귀지를 파주며, 꽃청년들의 얼굴 마사지는 물론 구레나룻까지 다듬어주는 정중한 우대로 남자의 자존심을 지켜내려 한다. 그러므로 동네이발소의 장인匠人들은 도심에 젊은 바버들이 몰려와도 주눅들지 않는다. 진정한 이발사는 손에 이발가위를 들 수 있는 날까지 연통에 거품솔을 데우고 말가죽 끈에 면도날을 세우는 일을 멈추지 않을 테니까.

하늘을 올려다본다. 절거춘 이층 이발소의 낡은 심색등이 모래바람에 더욱 속도를 내고 있다.

여뀌가 핀 로두스

내 고향은 경남 김해다. 김수로왕이 가락국의 수도로 정하면서 '여뀌 잎처럼 좁은 땅이지만 길한 곳'이라고 지목한 곳이다. 그래서인지 우리 동네 강변 둑에는 유독 여뀌가 많았다. 분홍색 알갱이를 다닥다닥 엮은 듯한 여뀌꽃은 읍내로 가는 십릿길을 잇고 있었다. 어릴 때 먼지가 날리는 비포장길을 한 시간 동안 걸어 학교에 다녔다. 비가 오는 날이면 차가 퍼붓는 물세례를 사정없이 맞아야 했다. 그래도 여뀌꽃이 핀 흙길이 마음에 들었다. 고향길은 내 글쓰기의 시원이 되었다. 나는 그 길을 따라 조금씩 세상 밖으로 나왔다.

어릴 적 나는 말수가 적고 혼자서도 잘 노는 조용한 아이였다. 도랑가 풀숲에 있는 쏙독새 알을 몰래 가져와 짚불에 구워 먹거나, 양볼이 얼얼하도록 개구리 똥구멍을 불며 장난을 쳤다. 이슬 맞아 옴짝 못하는 잠자리를 잡아 빨랫줄에 날개를 집어놓기도 했다. 한번은 아궁이에 무심코 넣었던 헌 고무신 한 짝이 푸드덕 소리 내며 타는 것을 보고 고무신이 살았다고 혼비백산하며 부지깽이를 내던진 기억도 생생하다. 그 추억들은 지금도 나를 낯선 상상의 세계로 데려가곤 한다.

내 문학은 '도망'에서 출발했다. 열 살 무렵, 하굣길에 뒷일이 급하여 재곤이 아재 집 뒷간에 들어갔다. 그런데 한쪽 귀퉁이에 밑닦이로 내놓은 책 몇 권 중 은색 표지의 김소월 시집이 눈에 쏙 들어왔다. 나는 소월이라는 이름보다 그 멋진 양장본이 탐나서 볼일도 멈추고 책을 쥔 채 단걸음에 줄행랑을 쳤다. 뒷간에서 훔쳐온 그 책은 교과서 외에 내가 처음으로 소유한 시집이 되었다. 재곤이 아재는 농사를 지었는데 농부도 시집을 읽는다는 사실에 놀랐다. 깊은 뜻은 알지 못했으나 소월의 시는 무작정 좋았다. 풀따기, 꽃자리, 개여울 같은 시어가 까닭 없이 가슴에 와 닿았다. 시를 한 편씩 외울 때마다 키가 한 뼘씩 커지는 것 같았다. 그 첫 대면이 내 문학의 불씨였음을 그때는 몰랐다.

그즈음 죽음의 직전까지 가게 된 일도 있었다. 둑길에 매어놓은 황소한테 떠받쳐 강물에 빠져 버렸다. 그 사건은 어린 내게 물의 공포뿐만 아니라 삶의 끝이 죽음이라는 인식을 갖게 하였다. 그 내용을 바탕으로 쓴 시 한 편을 여고 시절 때 장난삼아 지방신문에 투고하였는데 덜컥 상단에 실리게 되었다.

다음날 나는 학교에서 유명해졌다. 그때, 글의 위력에 놀라기보다는 당황했다.

내 삶에는 항상 고독이 깔려 있었다. 어린 시절 외딴집 생활은 적막했고, 스무 살 때 맞은 부모의 죽음 이후는 더더욱 스산하고 처량했다. 학업의 끈을 놓치지 않으려 발버둥쳤고 몸을 사리지 않고 일했으며 절망 속에서도 아이를 키워냈다. 마음의 여유는 없었고 지칠 대로 지쳤다. 생이 아팠다. 아픈 생이었다. 삶 자체를 잊고 싶었다. 그것이 내가 문학에 기대게 된 가장 큰 이유다.

왜 하필 수필의 글밭에 뛰어들었는가. 나는 혼자 노는 데 익숙해져 있었다. 그러다 보니 고요가 좋았다. 나 같은 사람에게 문학은 적격이지만, 나는 소설처럼 긴 마라톤을 할 지구력도 없었고 섬광처럼 파득이는 시 쓰기도 자신 없었다. 무엇보다 마음을 보듬어주는 수필의 매력에 끌렸다. 대책 없이 튈 것 같은 내 방황을 진솔하고 조심스러운 문장이 적당히 조여 줄 것 같았다. 당시 나에게는 삶의 중심을 잡아줄 후림돌 같은 이성이 절실했다.

수필을 쓰면서 차츰 견디어 내었다. 나를, 시간을, 상처를…… 그리고 주변의 모든 것을. 글감을 풀 때는 힘들어도 퇴고할 때는 신이 났다. 수필이 밥을 먹여 주지는 않을지라도 배고픔을 잊게는 해 주었다. 스무 살 때까지 전깃불 없이 살았던 자연 속의 흔적과 실패를 많이 겪은 부끄러운 삶이 문학의 자산이 되었다. 고독의 밑바닥을 치지 않고는 결코 좋은 글을 쓸 수 없다고 한 어느 문인의 말에 위로를 얻기도 하지만, 때로는 내가 글을 쓰는 일이 가당찮은 욕심을 부리는 게 아닌가 고민도 한다.

문학은 안에서 밖으로 나오는 길이기도 하지만 다시 밖에서 나를 찾아 들어가는 뫼비우스 띠라고 생각한다. 맞닥뜨리고 싶지 않은 경우도 있지만 그리운 것도 만난다. 문턱을 저 멀리 두고 주저앉을 때도 많았다. 샛길로 빠지고 길을 돌았으나 번번이 다시 돌아왔다. 그때마다 수필은 제자리에 있었다. 이제 되돌아가는 길도 없고 벗어나지 못한다는 것도 안다. 나는 지금에서야 겨우 글 문턱을 넘어섰다. 그러니 더 이상 엉뚱한 꿈은 꾸지 않겠다. 지금, 여기에서 최선을 다하겠다. 고향 강변을 노래하고 물새들을 만나며 날개 찢긴 이슬잠자리의 이름을 불러주겠다.

여기가 로두스다. 이곳 여뀌의 섬에서 신명나게 춤추겠다.

엄옥자 여사

엄옥자 여사는 시골 아지매다. 그녀는 밀양 수산의 하남 골짜기에서 딸기와 수박 농사를 짓는다. 이순을 갓 넘긴 엄 여사는 얼굴빛이 검누르고 주름골이 호두 껍데기처럼 깊게 파여 일흔은 족히 되어 보이지만, 등물 때 드러나는 속살은 아직도 분떡 각시처럼 곱기만 하다. 자신은 초등학교 문턱을 겨우 턱걸이했지만 자식 셋 모두 대학을 졸업시킨 억척 왈순아지매로 동네에서 소문이 나 있다.

엄 여사와 나는 아주 가깝고도 먼 사이다. 친언니도 아니고 이복언니도 아니고 그렇다고 남남도 아니다. 누군가에게 설명을 하자면 소설 한 권 분량도 모자라기에 어물쩍어물쩍 넘겨버리고 있다. 어쨌든 그녀와 나는 우연과 또 그전의 인연들이 만나고 섞여서 이루어진 혈연관계임은 틀림없다. 그래서 휴가 일정이 잡히면 나는 만사를 제치고 밀양으로 핸들을 돌린다.

내가 가면 왈순아지매는 만성 신경통도 관절염도 다 잊고 바빠지기 시작한다. 두렁밭에서 키운 부추를 밀가루에 쓱쓱 문질러 전을 부치고, 봇도랑의 미꾸리를 잡아서 거십 가득 넣고 추어탕을 한솥 끓여낸다. 수산장에서 사 온 국수를 삶아 비빔국수를 말아주는데 맛이 기가 막힌다. 쫄깃한 굵은 면발이 콧등을 치고 매운 태양초가 혀를 얼얼하게 만들지만 고봉으로 담아주는 국수 그릇에 나는 매번 코를 박는다. 하지만 시큰거리는 코를 박는 이유가 어찌 맛 때문이겠는가.

입담도 어찌나 걸쭉한지 듣고 있으면 허리춤을 잡게 된다. 내가 몇 달간 전화 한 통 내지 않으면 "그 손모가지 뒀다가 장작개비로 쓸 참이냐?"라고 농을 거는 순발력이며 농번기 때 젊은 각시를 뙤약볕으로 내몰고 읍내 다방만 찾는 동네 건달이 지나가면 "에이 호장놈, 용천지랄하네!"라고 냅다 소리친다. 할 말 못할 말 가리지 않고 내용을 비트는 솜씨에 옆에 있던 나는 경기가 날 뻔한 적이 한두 번이 아니다.

불의에 맞서는 그녀의 용맹은 동네 남정네의 간섭을 불허한다. 그러니 제아무리 모양새가 번드르르한 읍내 남자라도 천둥벌거숭이로 깝죽이며 대들다간 "대가리 불날라, 그만 소리쳐라."는 엄 여사 돌직구 말에 녹아웃되는 수가 생긴다. 그때마다 나는 그녀가 제대로 풍월이나 읊었으면 영월의 김병연 못지않은 '여자 욕쟁이 시인 1호'가 탄생하지 않았을까 짐작해 본다.

올여름에도 왈순아지매를 찾았다. 이때쯤은 과실 농사가 끝난 여유로운 시기이기도 하겠지만, 나는 엄 여사의 안부보다 텃밭에 심어진 찰강냉이의 밀도와 지난봄에 봐 두었던 복사꽃 열매가 더 궁금했다. 아니 그보다 근간에 내게 닥친 속상한 일들에 대해 위안의 말을 듣고 싶은 이유가 가장 컸는지도 모른다.

집에는 몇 가지 변화가 있었다. 엄 여사는 가발을 뒤집어쓴 듯한 뽀글이 파마와 간호사 딸이 사 줬다는 꽃무늬 쫄바지 패션으로 나를 반겼다. 마당을 들어서니 언제나 엄 여사 욕설을 묵묵히 받아주는 터줏개 누렁이도 나의 인기척에 무거운 몸을 일으킨다. 수년째 들락거리던 도둑고양이가 새끼를 다섯 마리나 낳았는데 그들은 제 어미 대신 누렁이 젖을 물고 있는 희한한 볼거리도 생겼다. 어미 고양이를 포획하기 위해 엄 여사가 고안했다는 덫은 어설프기 짝이 없었다. 철제 양동이를 엎어놓고 줄을 묶은 나무막대를 받쳐 헛발 짚은 고양이가 저절로 양동이 속에 갇히기를 기다리는 것이었다. 주방 싱크대 위에 써 놓은 뽕짝 신곡 가사 '내 나이가 어때서'도 재미있지만, 새로 장만한 어른용 네 발 자전거를 타고 비뚤배뚤 논두렁길을 달리는 모습에서 나는 참았던 웃음을 한꺼번에 뿜고 말았다.

이곳에 오면 참으로 마음이 편하다. 민낯에 입던 옷 그대로 들락날락해도 되고, 밀린 잠을 실컷 자도 눈치 보이지 않는다. 내가 누워 있으면 엄 여사는 내 볼을 만지고 머릿결을 쓰다듬고 발가락도 주무르면서 한참이나 곁을 지키다 내 손을 잡고 함께 잠이 든다. 고생하는 엄 여사를 내가 걱정하는 것 곱빼기로 엄 여사는 나의 삶을 애잔히 여긴다. 우리는 말이 없을 때도 서로의 마음을 다 짚고 있다.

무엇보다 내가 엄 여사를 좋아하는 가장 큰 까닭은 그녀가 무조건 내 편이란 사실이다. 가끔씩 사는 일이 갑갑해지면 일러바칠 이야기를 다 모아 와서 이곳에 콸콸 쏟아낸다. 나는 삼십 년 전에 돌아가신 친정어머니를 만난 듯 신나게 하소연을 늘어놓고, 엄 여사는 중간중간마다 "저런, 아마리 빠진 놈", "주리를 틀 세상"이라고 때깍 추임새를 넣어가며 신이야 넋이야 장단을 맞춘다. 억울한 이야기가 나오면 내가 미처 말할 수 없어 묻어둔 사연을 아는 듯 적당한 시점에서 복수의 속사포를 퍼부어준다. 그럴 때면 더부룩이 고였던 울화통이 속 시원히 터진다.

물론 나도 다 안다. 내가 잘못하는 일도 많다는 것을……. 그러나 살면서 제 편을 갖는다는 것이 오죽 힘든 일인가. 때로는 이 쓸쓸한 세상에 내 편 한 사람쯤 있다는 것이 얼마나 행복한 일인지. 그 위로의 말들이 다시 일상 속으로 돌아가게 하는 힘이 되어준다는 것을.

이번에도 엄 여사는 냉장고 속 김치를 통째로 내 차에 실어 놓았다.

하얀 낙타

모래의 바다가 들썩인다. 바람이 모래 파도를 치올리면 둔덕은 물결을 만들고 바닥은 문양을 뒤집는다. 사막 바람은 광대무변의 땅을 화폭 삼아 순식간에 진묘한 풍경을 그려낸다. 지난겨울에 백설로 고요했을 이곳이 지금은 바람의 땅이 되어 훈열을 내뿜는다. 그 바람에 몸을 맡긴 나는 지금 몽골 사막 한가운데 서 있다.

얼마나 지났을까. 저만치 모래바람 속에 그림자 하나가 흔들린다. 하얀 쌍봉낙타다. 흰 갈기를 펄럭이며 그가 초연히 사막을 걷고 있다. 서두르지도 늑장을 부리지도 않은 채 뚜벅뚜벅 맨발로 걸어간다. 하얀 낙타 한 마리가 낸 사막 길이 붉은 지평선을 향해 뻗어 있다. 모래땅에 찍힌 낙타의 굽은 발자국이 낙관인 양 뚜렷하다.

나는 하얀 낙타가 있다는 사실을 몽골 영화에서 처음으로 알았다. 몽골에서는 하얀 낙타를 차강티메라고 부른다. 예전에 호주의 중앙사막을 가 본 적이 있지만 그때만 해도 차강티메의 존재를 알지 못했다. 그곳에서 낙타 투어를 할 때 모든 낙타는 당연히 황갈색 털을 가졌다고 생각했다. 그런데 그토록 와 보고 싶었던 몽골 사막에서 하얀 낙타를 접견하다니. 가끔은 영화가 현실로 연결될 때가 있다는데 난생처음으로 흰 낙타와 조우하게 된 것이다.

영화 속 차강티메의 젖은 눈을 잊을 수가 없다. 고비 사막 사람들은 흰색 낙타를 매우 귀하게 여긴다. 흰색이 모든 생명체의 젖 색깔과 같아서 더욱 신성하다고 믿어왔다. 간혹 유목민들은 흰 낙타를 하늘에 제물로 바쳐 가축의 번성과 그들의 안녕을 빌었다. 그런데 그 제물을 바치는 의식은 우리의 생각과 달리 산 채로 풀어준다. 이때 주인은 "너를 죽이거나 먹지 않겠다. 팔지 않고 때리지 않고 상하지 않게 하겠다."고 낙타에게 약속한다. 그것은 누구의 소유물도 아니고 어디에도 머물지 않는 영원한 자유를 의미한다. 동물이 인간에게 구속되지 않기를 기원하는 말 속에는 자연에 얽매이지 않으려는 유목민 스스로의 희원이 아닐까.

흰 동물에 대한 경배심은 어느 국가에서든 대대로 전해온다. 고대 로마인들은 특별히 행운이 따르는 사람을 '흰 암탉의 아들'로 추켜세웠고, 아메리카 원주민들은 흰 들소를 부활과 희망의 상징으로 믿었다. 몽골 사람들은 흰 낙타 외에도 흰 암사슴이 시조 바타치칸을 낳았다고 생각하며, 인도에서는 흰 올빼미를 번영의 여신으로 신성시하는 것도 마찬가지다. 미얀마에서 흰 코끼리가 존경의 대상이라면 우리나라도 백호의 태몽을 길몽으로 풀이한다. 나 역시 배추흰나비만 날아와도 행운의 징조라 믿는 것은 흰색에 대한 경외심이 뿌리 깊은 까닭이다.

주인의 손을 떠난 차강티메는 평생 혼자 살아간다. 사막을 떠돌며 운명의 길을 묵묵히 걷는다. 혹한의 밤과 폭염의 낮을 견디고 광야의 눈비를 스스로 버텨내야만 한다. 고비의 고독을 온몸으로 받아들이는 것이다. 그러한 삶을 이겨낸 차강티메의 눈빛은 결기가 드러나고 몸체는 위엄이 서리며 발걸음은 더욱 굳건해진다. 고매한 인품을 가진 자나 남다른 재능을 가진 사람 역시 어쩌면 흰 낙타의 삶을 뒤따라야 할지도 모른다. 순탄치 않은 생이다.

남과 다른 삶은 얼마나 외롭고 쓸쓸한가. 혼자 살아본 사람이라면 반복되는 삶이 얼마나 지루한지 안다. 하지만 그 삶을 이겨낸 사람이라면 익숙해지는 것이 곧 단단해지는 길이라는 것도 안다. 타인의 삶을 함부로 말하지 말라. 차강티메의 꼿꼿한 몸짓이 전해주는 듯하다.

독야청청하기가 어디 쉬운 일인가. 홀로 있기란 어려운 일이고, 들판에 홀로 있기란 더욱 어려운 일이고, 황야에서 홀로 견디기란 더더욱 어려운 일이다. 가난한 천재 예술가, 묵언의 수행자, 유행을 등지고 외길을 고집하는 장인……. 때로는 난세에 삶을 이어가지 못하는 일도 생긴다. 따가운 시선의 고독감을 감내하지 못해 주저앉는 슬픈 경우이다.

하지만 그들이 있기에 세상은 짐작보다 덜 속되었다고 여겨진다. 예술가들의 영감이 없었다면 어찌 울고 웃을 수 있을 것이며 선지자들의 예지가 번득이지 않았다면 어찌 지혜를 얻을 수가 있을까. 우리는 영화 속의 차강티메보다 현실의 차강티메 같은 인간을 인정하고 그들의 존재를 더 귀하게 여겨야 하겠다.

앞서 가던 낙타는 어느덧 보이지 않는다. 광활한 사막 위에는 외길 낙타의 발자국만 눈이 시리도록 뚜렷하다. 쓸쓸하다 못해 숭고하기까지 하다. 슬며시 몸을 돌렸다. 돌아서 바라본 모래사막에는 오직 낙타와 나의 발자국만 나란히 찍혀 있다. 항상 존재하지만 보이지 않는 것이 바람이다. 흙바람이 모래를 쓸어내려 내 발자국을 조금씩 지워간다. 그러나 움푹 파인 낙타의 발자국은 그대로 남아 있다. 내가 찍은 발자국마저도 깊고 뚜렷한 낙타의 족적에 비할 수가 없다. 인간이 이곳에 와서 남긴 자국은 가벼운 바람조차 이기지 못하는 순간의 흔적인가 보다.

어찌 보면 인간은 차강티메보다 못한 동물일 수 있겠다. 그래도 사막의 한 점 발자국이 내 존재라면 살아 있다는 것이 눈물겹도록 행복하다. 남겨진 낙타 발자국을 따라 되돌아 걷는다. 바람에 실려 사그락 흘러내리는 모래 소리가 등 뒤에서 들려온다.

달인

달인이라는 말이 유행어가 되고 있다. 한 가지 경지에 다다른 사람을 뜻하는 이 말은 오늘날 가장 명예로운 별명이자 대중이 수여하는 훈장과 같다. 수많은 장애물을 헤쳐 온 전문인에게 주어지는 이 호칭은 사람에게 최고의 지위를 꿈꾸게 만든다.

요즈음 한 개그맨의 달인 연기가 큰 웃음을 주고 있다. 외줄을 타고, 매운 음식을 먹으며, 수중 연기와 하이힐 묘기도 하는 등 엉뚱한 연기로 시청자들을 폭소케 하는 그는, 표정연기의 달인이기도 하다. 그 프로그램을 볼 때마다 민간요법의 귀재였던 아버지가 떠오른다. 선친은 민간요법에 남다른 재주를 지녔다. 코피를 흘리면 쑥을 찧어 막아주었고, 귀앓이를 할 때면 아주까리 기름을 귓속에 발라 주었다. 두통에는 고약한 마늘즙이 효과가 있다며 코에 밀어 넣었고, 편도가 부으면 말린

뱀 가루를 보릿대에 묻혀 후후 불어 주었다.

한번은 내가 볼거리를 앓은 적이 있었다. 볼거리에는 산토끼 오줌이 즉발이라고 무릎을 쳤다. 그날, 아버지는 올무를 들고 앞산을 온종일 뒤지다시피하여 내 머리통보다 큰 회색빛 멧토끼 한 마리를 생포해 왔다. 아버지의 손아귀에 쥐인 토끼는 얼마나 놀랐는지 눈을 땡깔처럼 치켜뜨고는 환약 같은 검은 똥과 함께 노란 오줌을 밥사발 가득 눴다. 이물질이 들어가면 효험이 없다며 토끼 똥이 담긴 오줌 사발을 건네는 아버지 얼굴이 그때만큼 진지하면서 우악스럽게 보인 적이 없었다. 죽기 아니면 까무러치기로 마셨지만, 밤사이 내 볼은 마신 토끼 오줌만큼이나 더 부풀어 올랐다.

병원 길은 멀고도 멀었다. 아버지는 선뜻 양의에 굴복하지 않으려는 기색이 역력했다. 두 번째 처방전은 돼지피로 이어졌다. 아버지는 내 손을 잡고 푸른 싹이 돋은 보리밭을 가로질러 단걸음에 참나무골 도살장으로 향했다. 준비해 간 문종이에 돼지 피를 흠뻑 묻혀 부은 내 볼따구니에 붙여주고는 매우 흡족해하였다.

그날 밤 나는 밤새도록 방바닥을 뒹굴었다. 볼퉁이를 움켜쥔 채 아홉 살 아이가 지를 수 있는 고함은 다 질러댔지 싶다. 그러다가 새벽녘에는 까무룩 죽은 듯 처져버렸다. 놀란 아버지는 급기야 나를 시골 병원에 입원시키게 되었고, 커다란 수술 자국을 남기면서 볼거리 사건의 대단원은 막을 내릴 수 있었다.

남동생의 충격적인 일화 역시 두고두고 회자된다. 남동생이 열 살 무렵 정수리에 동전만 한 부스럼이 났다. 당시 걸핏하면 부스럼이 아이들에게 생겼는데 그때는 유독 진물이 심했다. 아니나 다를까, 아버지는 동생을 한데아궁이 앞에 앉혀두고 신문지를 둘둘 말아 불씨를 옮겨왔다. 신문지 재가 훨훨 불꽃을 밀어내며 하늘로 올라갔고, 마지막 불꽃은 기이하게도 뜨거운 기름 서너 방울을 떨어뜨려 주었다. 그 기름이 동생 꼭뒤에 정확히 떨어졌다.

그때였다. 엉거주춤 앉아 있던 동생은 단말마 외마디 소리와 함께 벌떡 자리를 박차고 일어났다. 그러고는 우우우 짐승 같은 광기의 울음소리를 연거푸 지르며 칠십여 호 동네 외통길을 미친 듯이 두어 바퀴 돈 후에야 마당 구석에 삭은 볏단처럼 폭삭 널브러졌다. 여하튼 그 덕분인지는 모르나 부스럼은 깨끗이 나았다. 후유증도 만만치 않아 기름이 떨어진 자리에는 머리카락이 나지 않고 오랫동안 햇빛에 반들거렸다.

그러니 경중을 가릴 것 없이 환자가 되면, 아버지 입에서 떨어질 해괴한 처방전이 무엇일까 매번 노심초사할 수밖에 없었다. 몸에 이상이라도 생기면 슬슬 피하기 바빴다. 동생은 이가 흔들려도 시치미를 뚝 떼었기에 덧니투성이가 되었고, 나는 떨어진 시력을 숨긴 탓에 심한 근시가 되어버렸다. "어디 아프냐?"라는 아버지의 달큰한 목소리를 들을 때면 가슴이 철렁 내려앉기 일쑤였다.

아버지는 자연식품 처방전에도 관심이 많았다. 고안해낸 방도 중에서 청개구리는 아버지가 특별히 애용한 민간약이었다. 십 년째 중풍으로 고생하던 당신은 아침마다 이슬 내린 무화과나무 위의 청개구리 한 마리를 잡아서 날 것으로 삼켰다. 하지만 우리는 아버지의 유별난 처방전을 신뢰하지 못했기 때문에 청개구리 효험도 믿지 않았다. 요즘도 아침 산책길에서 조그만 청개구리를 보면 선뜻 발길을 옮길 수가 없다. 반갑기도 하고 애잔한 느낌이 들기도 하다. 아버지가 지금까지 살아계신다면 이제는 청개구리 포획작전에 슬며시 끼어들어 훼방꾼 노릇을 했을는지도 모를 일이다.

오늘날은 달인이 존경받는 세상이다. 달인은 열정과 노력과 끈기로 이루어진다. 잔꾀도 부리지 않으며 학력과 신분도 초월한다. 그것은 예술적 끼에 가깝기도 하다. 그러면서 타고난 팔방미인과는 달리 우직함을 지니므로 우리는 달인에게 고개를 숙이는 것이다. 어쩌면 아버지의 민간요법은 최고 달인은 아닐지라도 하수 달인 축에는 끼지 않을까. 그것이 딸의 마음이니 남이 뭐라 해도 어쩔 수 없다.

아버지가 계시지 않은지 삼십여 년이 되었다. 나는 세상의 수많은 달인 이야기를 떠올리면서 아버지가 지닌 진정한 달인의 모습은 무엇일까 곰곰이 생각해 본다. 작은 일에도 혼비백산하여 도망치던 우리와 달리 어떤 일에도 놀라거나 동하지 않던 초연한 모습이 아니었을까. 보릿짚 북데기에서 뱀을 잡아 올릴 때의 의연함, 산토끼와 기싸움에서 물러나지 않는 묵묵함, 큰물 지던 날 물에 잠긴 방에 더 높은 상을 펴놓고 홀로 집을 지키던 강인함. 꿈쩍 않던 그 부동의 자세가 최고 달인의 경지라고 여겨진다.

"요놈, 요놈." 하며 청개구리를 쫓던 아버지 손등에 돋친 힘줄이 눈에 선하다. 아버지는 당신의 민간요법을 요리조리 피하는 못난 자식을 의식하여 더 열심히 청개구리 뒤를 쫓았던 것은 아닐까.

어떤 일기

정물처럼 멈추어 있다. 창으로 들어오는 햇살이 은발에 닿아 반짝였고 굳게 다문 입에서는 숨소리조차 새어 나오지 않는다. 노인의 굽은 등이 거울에 반사되어 낮은 구릉 모양을 하고 있었는데 유난히 내리막길이 길어 보인다. 구석에서 먼지를 잔뜩 이고 있는 낡은 분첩과는 달리 푸른 댓잎 그림의 요강단지가 방바닥 가운데에 모셔졌다. 나의 첫인사에 표정없는 눈동자가 잠깐 흔들리는 듯했다.

이곳 아홉 평 임대아파트에는 치매에 걸린 아흔 살 할머니가 혼자 살고 있다. 매일 세 시간씩 돌봐주는 요양보호사 외에 방문자가 없다. 나는 지난해부터 재가환자의 자서전을 써 주고 있는데 이 노인처럼 관청에서 지정해 주는 경우도 더러 있다. 그들은 신산했던 삶을 풀어놓으면서 회한의 한숨을 짓거나 압축된 생을 돌아보며 그리움의 눈물을 쏟기도 한다.

대책이 없다. 몇 가지 질문을 던져도 노인은 조용하다. 치매 노인에게 무슨 자서전이 필요하단 말인가. 곁의 요양보호사는 노인의 기억이 잠깐씩 돌아온다고 귀띔했다. 기다리는 동안 그는 치매 병동 일화를 들려주었다. 순하게 웃으며 다소곳한 '예쁜 치매'도 있고 알 것 다 알고 대화도 가능한 '멀쩡한 치매'도 있지만 불안정하고 공격적인 '미운 치매'도 많다고 한다. 이 노인의 경우는 상대를 배려하는 마음이 깊고 자존감이 강해서 자신은 '양반 치매'로 추켜 부른다 했다.

우리가 이야기를 나누는 동안에도 노인은 미동이 없다. 제법 시간이 흐르자 나는 서서히 노인의 고요함이 편안해지기 시작했다. 옷걸이에 얹힌 당목 자수 덮개나 소리박물관에나 있을법한 8트랙 테이프가 방 한켠에서 얌전히 자리를 지키는 것처럼, 어쩌면 노인에게 찾아온 치매의 시간은 오히려 삶의 마지막 휴식 기간이 아닐는지.

내가 노인의 젊은 시절을 궁금해하자 요양보호사는 불현듯 생각났는지 서랍 속에서 두툼한 수첩 하나를 꺼내었다. 노인에게 넌지시 허락을 구하는 눈빛이 선하다. 말리지 않는 것으로 보아 노인도 마음을 여는 듯 보였다.

책장을 넘겼다. 그런데 세상에……. 노인의 일기장이다. 치매 걸린 망백의 노인이 정신이 들 때마다 써 내려간 기록이다. 걷지 못하고, 혼자서 문조차 열 수 없는 노인이 "슬프다, 나의

人生"이라든지 "조흔 일인가, 나뿐 일인가. 白花가 만발한 五月은 아름답다"라는 가사체 문장의 내리글씨로 빽빽하게 일기를 써 놓았다.

가슴이 석고마냥 굳어왔다. 치매에 걸린다면 사람들은 제각각 무엇을 할까. 그때 나는 저 노인처럼 글을 쓸 수 있을까……. 창틀 위에 걸린 액자 사진 속에서 단발머리 소녀가 해사하게 웃고 있다.

"전주에서 여고를 댕겼소."

말문을 연 노인의 카랑한 음성이 귓전을 때린다.

장미, 타다

현관문을 들어서는 순간, 바깥세상이 문을 닫는다. 복도를 지날수록 배에 올랐을 때처럼 허공을 딛는 느낌이 차오른다. 형광 불빛에 비친 흰색 벽이 투명하리만큼 정갈한 이곳에서는 육신마저 고요해진다.

노인요양병원은 도심 속의 섬이다. 그곳에 실고 있는 환자들은 섬 위로 떠밀려온 낡은 배처럼 움직일 줄 모른다. 조는 듯 가물대는 신세가 어쩔 수 없어 차라리 닻을 내리고 송판 하나까지 모두 거두고 싶지만 생각할 기력조차 남아있지 않다. 그들을 지켜보고 있노라면 사는 건 주어진 시간을 송두리째 태우는 것이라는 말이 떠오른다.

나는 가끔 미완의 생에 멈춘 그를 만나러 간다. 노인요양병원 204호실이 그가 머물고 있는 곳이다. 삼십 대에 뇌출혈로

반신불수가 된 후 이십 년째 병원을 옮겨가며 투병 중인 그는 한때 영민하다는 칭찬을 들었다. 그러나 지능은 어린아이 수준으로 떨어졌고 기억상실과 언어장애까지 겹쳐 "예, 아니오." 라는 간단한 대답만 건넬 뿐 시선은 늘 허공을 맴돌고 있는 듯하다. 곁을 지키는 가족들도 이젠 회생의 희망을 지우고 그를 대할 때면 빙긋 웃어줄 정도로 아픔이 무뎌졌다. 기가 막히면 울웃음이 된다는 이야기가 여기서도 예외가 아니다.

요양보호사가 병실 문을 두드려 환자의 주의를 끈다. 물끄러미 창밖을 내다보던 그가 환하게 얼굴을 편다. 기억의 끈을 애써 잡으려는 표정이 안쓰러워 나도 덩달아 세월의 강을 되올라가곤 한다. 이곳에 올 때면 몇 가지 준비하는 것이 있다. 재래시장에 들러 그가 즐겼던 튀김 통닭과 박하사탕과 노랗게 구운 쌀과자를 산다. 오늘은 어쩌면 하는 가냘픈 희망으로 묵은 사진도 서너 장 챙긴다.

무엇보다 장미 담배를 빠트릴 수 없다. 장미라는 이름이 천덕꾸러기가 되어버린 것은 담배뿐일 정도로 요즈음의 애연가들은 거들떠보지 않지만, 유달리 노인들이 많은 골목동네인 덕에 우리 집 근처 슈퍼에서는 아직도 이 담배를 판다. 담배 한 보루를 사 들고 돌아올 때면 나도 모르게 옛 노래를 흥얼거린다. "사랑하는 옆 친구들은 모두 사라졌고 이제 남은 게 아무것도 없네."라는 노랫말이다. 여름날 홀로 핀 마지막 장미꽃 한 송이도 그럴 것만 같다.

그날은 울타리마다 장미가 햇볕에 타던 오월이었다. 여덟 살 시골아이였던 나에게는 꽤 조용한 오후였다. 어머니는 시골 장을 보러 나갔고 아버지는 종일 방안에서 글을 읽고 있었다. 집 앞 개울에서는 물소리가 풀렸고 장미는 오후의 나른한 열기를 받으며 선홍빛으로 타올랐다. 땅바닥에 떨어진 장미 꽃잎 몇 조각이 까맣게 말라가고 있었다. 꽃은 피는 게 아니라 탄다는 어쭙잖은 생각을 하면서 울타리 곁에 서성였을 때, 그가 논둑길을 따라 우리 집을 찾아왔다.

우리는 같은 아버지에게서 태어났다. 그러나 어머니는 달랐다. 아버지는 그와 십 년을 살다가 나와 함께 십 년의 곱절 세월을 보냈다. 그는 당연히 민감한 사춘기 시절에 아버지의 자상한 보살핌을 받지 못했다. 배다른 누이동생에게 미움이 있으련만 구포에서 김해까지 갈대밭을 가로지르며 더 어린 나를 찾아 반나절을 걸어왔다. 까매진 얼굴에서는 먼지 낀 땀방울이 흘러내리고 있었다. 그는 아버지에게 인사도 하기 전에 쌀과자 봉지를 말없이 나에게 건넸다. 지금 내가 병실에 가져온 그런 과자였다. 나는 지금처럼 환한 웃음을 머금은 그의 눈동자를 똑바로 바라보지 못하여 장미 덩굴에만 눈길을 주었다.

그 후 몇 번 더 그의 아버지가 계시는 우리 집을 찾아왔다. 그는 올 때마다 조그만 선물을 건넸지만 기억나는 건 처음 만난 날의 개울물 소리와 장미 향기와 따스한 손길뿐이다. 그래도 갈대의 풋기가 마음을 달뜨게 하는 초여름쯤이면 그의 나직

한 발소리를 은근히 기다리곤 했다. 그리고 사십 년 세월이 흘렀다.

장미 담배 보루의 포장을 벗겨 냈다. 붉은 테두리를 두른 담뱃갑에는 넝쿨을 말아 올린 금빛 장미 한 송이가 박혀있다. '장미'라는 선명한 상표보다 영어로 쓰인 '달콤한 초콜릿'의 어감이 매번 가슴을 쓰리게 한다. 달콤하게 태우라는 것인지, 태우면 달콤하다는 뜻인지 모르지만 자극적인 문구가 은근히 호기심을 불러일으킨다.

그가 장미 담배 한 개비를 입에 물었다. 가지런한 잇몸 사이에서 흰 연기가 뿜어 나올 때마다 손가락이 가냘프게 떨렸다. 빨갛게 타들어가는 장미를 지켜보면서 인생은 저렇게 태워야 하는 것이라는 생각이 들었다. 그러나 무엇이든 다 탈 수가 없다. 인생도 나무도 끝까지 타지 못하는 경우가 많다. 그것이 생명체의 꿈이고 숨타는 희열이라면 남은 삶은 아쉽기 마련이 아닌가. 잉걸불이 되지 못한 채 꺼져버린 장작 같은 낡은 몸일지라도, 훌훌 태우고 싶은 본능을 잊지 못하는지 여전히 장미 담배를 붙들고 있다.

쉰을 훨씬 넘긴 그를 지켜보는 동안 예순을 가까스로 넘겼던 또 다른 쇠락한 얼굴이 겹쳐진다. 담뱃대를 손에서 놓지 않던 아버지의 모습이다. 아버지도 궐련을 즐겼으니 장미 담배를 분명히 찾았을 것이다. 갑자기 앞이 흐려진다. 병실을 채우는 담배 연기 때문인지, 아니면 아버지를 닮은 그의 눈빛

탓인지 알 수 없다.

그가 담배를 곁에 두는 이유는 장미라는 이름 때문이 아닐까. 어쩌면 함께 물끄러미 쳐다보았던 장미 울타리를 기억할는지도 모른다. 그 잔상을 되살릴 수만 있다면 그를 장미 울타리 곁에 나란히 세우고 싶다. 알알한 기분을 떨치려고 옛 사진을 보여 주어도 여전히 고개만 내젓는다. 망각은 언젠가 찾아오는 손님이지만 때 이른 나이에 기억을 잃는다는 것은 자신뿐만 아니라 시간마저 지우는 일이다. 자신이 누구였는지 알지 못할 정도라면 어찌 그 어느 날의 만남을 기억이나 할까. 장미가 탄 흰 재가 간들거리는 순간, 목울대에서 '예전처럼'이라는 말이 솟구쳐 오른다. 이처럼 상그러운 말도 이젠 그와 나 사이에 사라져 버렸다.

병실을 둘러본다. 벽에 붙은 철제침대 곁에는 여행 가방 크기의 사물함이 놓여 있다. 그 속에는 서너 벌의 옷, 컵 한 개, 반쯤 뜯긴 박하사탕 한 봉지, 그리고 피우다 남은 장미 담배 한 갑. 그게 다였다. 떠돌이 선원의 짐처럼 적고 떨어지는 장미 잎만큼 가볍다 못해 휑하다. 소지품을 정리해나가는 내 손이 옛날 과자 봉지를 받았을 때처럼 저릿해진다.

필터만 남은 장미 한 개비를 쥔 그를 바라본다. 처음 만났을 때 환하게 웃음 지어주던 표정은 그대로이건만 사십 년 세월은 흔적도 없이 타버렸다.

마주한 깊은 동공에서 그날의 내 모습이 흔들리고 있다.

우랑이 기가 차서

등장춤에 신이 났다. 어깨에 걸멘 망태기가 패랭이와 함께 출렁이며 상쇠 가락을 탄다. 때맞춰 나타난 황소 한 마리가 널찍한 오금을 실룩거리며 무대를 휘젓는데, 멍석을 덮어쓴 채 뒤뚱거리며 춤추는 두 뒷다리 사이로 왕방울 하나가 덜렁거린다. 호방하게 흔들리는 우랑이 옥죄인 코뚜레와는 사뭇 대조적이다. 하회마을 별신굿탈놀이 공연장의 백정마당이 눈길을 사로잡는다.

백정이 누구인가. 천민 중의 하층민이지만 이 무대에서만큼은 최고의 주인공이다. 걸쭉한 입담으로 관객들을 쥐락펴락하고 집채만 한 황소의 심기도 툭툭 건드려 화를 돋운다. 물론 맞서는 황소의 기운도 만만찮다. 싸움소마냥 단번에 백정을 받아버리며 판세를 뒤집는다. 덜렁 나자빠진 백정이 팔을 걷어붙이고 숨을 고른 뒤 시퍼런 도끼날을 번쩍 드니 놀란 황소는 땅바닥에 흥건히 오줌을 싸며 줄행랑치기 바쁘다. 멍석 안에서 연방 쏘아대는 물총 세례에 관중석은 배꼽을 움켜잡는다. 백정이 휘두르는 세 번의 타격에 황소의 육중한 몸집은 중심을 잃고 쓰러졌다. 백정은 죽은 소에게 달려들어 가죽을 쩌억 가르는 시늉을 맛깔스레 연기한다. 태연하게 염통을 떼고 불알을 끊어내어 망태에 담으면서도 관객에게 농을 던진다. 그리고는 천연덕스러운 웃음을 띠며 뜨끈한 염통을 사라고 능청을 떤다.

"안 사려니껴? 사람 꺼보다 훨씬 커서 오줄없는 양반 오줄 생기고, 염치없는 양반 염치 생기니데이. 사소 사."

외쳐대는 폼이 영락없는 인간 시장판의 염통 장수다. 구경꾼의 반응이 신통치 않자 이에 질세라 불쑥 우랑을 꺼내 껄떡 숨넘어가는 소리로 외쳐댄다.

"사소 사. 이거 먹으마 양기에 역시 좋으니데이. 늙은 양반 젊은 마누라 눌씩 데리고 살라카마 이 소불알 아이고는 안되겠시데이. 사소 사."

끈적한 안동 사투리로 흥을 살려보지만 관중들은 실실 웃음만 날릴 뿐 선뜻 사려고 나서는 이가 없다. 팔월 염천을 입은 백정의 호기도 점점 드세어진다. 공자도 자식 놓고 살았다며 이 사람 저 사람 꼬드겨 보지만 관객 역시 시큰둥하다. 우랑 판매가 쉽지 않자 서푼 어치도 안 되는 남정네 체면 때문에 사지 않는다고 볼멘소리로 비아냥거리며 돌아선다.

그때였다. 앞줄에 앉은 중년 여인 둘이 장난삼아 우랑을 사겠다고 나섰다. 그런데 돌아오는 대답이 재미있다. 우랑이 여자에게는 필요 없는 물건이란다. 옆에 앉은 예닐곱 살쯤 되어 보이는 사내아이도 손을 번쩍 든다. 복주머니같이 생긴 붉은 우랑이 탐나는 장난감쯤으로 보였나 보다. 백정은 아이의 아랫도리를 요모조모 살피더니 아직 살 나이가 되지 않았다며 역시 무시하고 만다. 신이 난 백정이 한 외국인에게 다가가 익살스러운 몸짓으로 우랑을 흥정하기 시작한다. 잠시 뜸을 들이는가 싶더니 이내 놀이마당에 익숙해진 외국인이 종이 돈 대신 현금카드를 꺼내 들자 관중은 일제히 포복절도하며 자지러진다. 탈춤 마당의 웃음소리에 팔월 무더위도 기가 꺾인다.

하회별신굿은 이름의 뜻만큼 공연도 별나다. 금기시되어온 성 담론을 별신굿마당에 흥건하게 풀어내고 있다. 묘미 중의 묘미는 양반들의 몸싸움이다. 이번에는 선비와 양반 사이에 백정이 소불알을 들고 끼어들었다. 그는 우랑이 양기에 특효라며 슬슬 부추긴다. 선비가 먼저 흥미를 보이고 양반이 관심을 보이면서 다시 한 판 흥정이 붙는다. 둘은 소불알을 밀고 당기며 서로 자신의 불알이라 고집한다.

정력 증진을 위한 남자들의 노력은 예나 지금이나 가히 눈물겹다. 뱀, 물개, 자라뿐만 아니라 개 불알, 돼지 불알 심지어 사슴 불알까지 정력제로 알려져 남성들에게 귀한 대접을 받는다. 물론 소우랑은 스태미나식으로 인기가 많아 암암리에 거래된다는 소문이 돈다. 그러니 외국 여행길에서도 그냥 지나칠 리 만무하다.

얼마 전 사업을 하는 남자 동기생 한 명이 캐나다 여행길에서 소불알축제를 구경했다며 목청을 돋우었다. 캘거리에서 열린 축제 기간 중 불깐숫소의 주요 부위를 '초원의 굴'이라는 이름으로 관광객에게 요리해 주는 모양이다. 양기라 하면 자다가도 고개를 번쩍 치켜드는 한국 남자들이 어찌 그 중요한 기회를 모른 척할 수 있겠는가.

어릴 때 동네 남자 친구들은 골목길을 누비며 '돼지 부랄'이라는 동요를 부르고 다녔다. "엄마야 뒷집에 돼지 부랄 삶더라. 좀 주더나 좀 주대요. 맛있더나 맛없대요. 찌찌찌릉내가 나대요. 꾸꾸꾸릉내가 나대요"라는 노랫말을 떠올리면 절로 웃음이 난다. 뜻도 모른 채 불러대던 그때의 순진한 시골 사내아이들도 요즈음 만나보면 영락없이 정력 음식에 침을 흘리는 중년 아저씨가 되어 있다.

갑자기 탈춤 마당이 소란스러워졌다. 선비와 양반의 실랑이 사이에서 백정이 그만 꽉 쥐고 있던 소우랑을 땅에 떨어트리고만 것이다. 이때 잽싸게 할미가 나타나 주워 올리며 소리친다.

"쯔쯔쯔, 소부랄 하나 가지고 양반도 지 부랄이라 카고, 선비도 지 부랄이라 카이께네 대관절 이 부랄은 뉘 부랄이노? 내 육십 평생 살았다만 소부랄 때문에 싸우는 꼬라지는 처음 봤다. 처음 봤어. 에이, 몹쓸 것들아……."

결국, 양기에 좋은 소부랄은 할미 차지가 되었다. 하지만 그 물건이 할미에겐 얼마나 유용하게 쓰일지는 의문이다.

아랫도리가 허한 남성이라면 오뉴월 소불알마냥 처져있지 말고 탈춤 여행을 떠나볼 일이다. 안동 우시장을 들러 소고기 국밥으로 허기를 메우고 탈춤공연장에 가 보자. 공연 도중 백정에게 말 한마디 잘 건네면 전통 우랑쯤이야 단독 입수도 가능한 일이거늘. 탈춤 구경에 빠져든다면 어찌 수그린 어깨만 들썩이겠는가.

끈

▌이야기 하나

작고 수필가 허천 선생에 대한 글을 쓸 때다. 당시 그분의 지인을 만나 귀한 일화 한 토막을 들을 수 있었다. 허천 선생은 평소 오영재 화백을 자주 찾았다고 한다. 오 화백은 부산미술의 개척자로 평생 가난을 숙명으로 받아들이고 팔리지 않는 그림을 그리기로 유명했다. 그가 가난에 쫓겨 부산 변두리의 외진 마을로 들어갔을 때 허천 선생은 심심찮게 그곳에 들러 종일 보내다 돌아오는 낙을 즐겼다.

그런데 두 분은 아침나절부터 해거름까지 별말도 없이 지냈다고 한다. 화백은 좁은 방의 벽을 향해 스케치만 하고, 허천 선생은 창밖 풍광이나 천장을 보고 누웠다가 가끔 빈 종이에 글 몇 줄 끄적거리는 일이 전부였다. 점심때가 되면 화백의 빈처貧妻가 내어온 국수 한 그릇을 비우고 저녁까지 조용히 지내다 돌아오곤 했다. 더욱 재미있는 일은 주변 사람들이 실답지 않다고 여기는 것과 달리 두 분은 서로가 그렇게 편할 수 없었다고 전한다. 함께 있어도 서로를 잊어버리는 것만큼 완벽한 합일이 있을까.

운전을 배울 때도 마찬가지라고 여겨진다. 운전 시험을 앞두고 방에 누우면 천장이 온통 주행코스로 보이고 형광등은 신호등으로 바뀐다. 춤을 시작하면 눈앞에 무대가 둥둥 떠다니고 바둑에 입문하면 네모 판이 모두 바둑판으로 와 닿는다. 그러다 익숙해지면 운전자는 운전대와 한몸이 되고 댄서는 무대를 안방처럼 종횡무진하게 된다. 진정한 프로가 되면 눈앞의 형상이 마음속으로 들어와 제자리를 잡는다. 사람의 관계도 예외가 아니다. 함께 있어 어색하고 신경 쓰인다면 상대를 받아들이지 못한 경우이고, 옆에 있어도 불편하지 않다면 상대를 품었기 때문이다. 눈에 보인다는 것은 나와 대상이 맺어지지 않은 결과이다. 마음의 끈으로 완전히 보듬어 안을 때 비로소 눈앞에 보이지 않는다. 묶어야 할 끈이다.

지금 내 곁에는 누가 있는가. 나는 진정 누구와 함께 있고 싶은가.

이야기 둘

불가에서 전해오는 이야기 한 토막을 떠올린다.

한 노승이 장작을 패고 있었다. 옆에는 막 산문山門에 든 행자가 장작을 쌓는 중이다. 행자의 고민을 알고 있는 노승이 말했다.

"뒤곁에 가면 장작이 더 있느니라. 가져오너라."

행자는 말이 끝나기가 무섭게 뛰어갔다. 그런데 이내 빈손으로 되돌아왔다.

"뒤곁엔 장작이 없는데요."

"음, 수고했다. 거기 놓아라."

그 말에 당황한 행자가 다시 대답했다.

"그곳엔 아무것도 없습니다."

"그럼 네 마음대로 하거라. 내려놓든지, 무겁게 들고 서 있든지."

노승이 던지는 화두는 무엇인가. 장작을 가져오라 했는데, 행자는 없다고 했다. 내려놓으라고 했는데, 행자는 또다시 장작이 없다고 했다. 그러자 노승은 장작을 내려놓든지, 무겁게 들고 서 있든지 마음대로 하라고 말한다.

노승의 눈에 보이는 것은 무엇인가. 그것은 행자가 안고 있는 세속의 끈이며 마음의 짐일 터이다. 버려야 할 끈이다.

끈이라고 말하니 낯선 여행길이 떠오른다. 언젠가 태국을 거쳐 캄보디아의 옛 앙코르 왕국으로 가는 버스를 탄 적이 있다. 차창 너머 풍경은 낡은 수채화처럼 오랫동안 이어졌다. 손수레 행렬을 끄는 맨발의 짐꾼들. 푸른 무논을 갈던 야윈 물소 떼. 시골집 앞마당의 덩그런 웅덩이. 흙담 옆에서 부지깽이 같은 팔을 흔들며 환하게 웃던 아이들.

'생에 집착하지 말라. 죽음이란 강 너머 동쪽으로 거처를 옮기는 것.'이라던 믿음을 고스란히 보여주었다. 그들은 가난해도 웃는다. 우리는 어떤가. 나는 그 여행길에서조차 현실의 끈 중 하나인 손해 본 보험 불입금을 떠올렸다.

내 손에는 무엇이 들려 있는가. 내 눈은 자꾸 어디로 향하는가.

이야기 셋

한 부자가 있었다. 가진 게 많아 창고에 온갖 물건이 가득했다. 하루는 그가 아끼던 손목시계를 창고에서 잃어버렸다. 아무리 찾아도 보이지 않았다. 그 많은 물건 사이 어딘가에 있으련만 행방은 오리무중이었다. 할 수 없이 동네 아이들을 불렀다. 시계를 찾은 아이에게 얼마간의 용돈을 주겠노라 제안했다. 아이들은 창고를 뒤지고 기웃거리느라 난리법석이었다. 꽤 시간이 지났지만 아무도 시계를 찾지 못했다. 싫증이 난 아이들이 하나둘 포기하고 창고를 떠났다. 어떤 아이는 부자가 거짓말을 한다고 투덜댔다.

그러나 한 아이는 끝까지 남아 조심조심 찾아다녔다. 해가 지고 어둠이 내렸지만 희망을 잃지 않고 살폈다. 밤이 한참 깊어갈 무렵 어디선가 나지막한 소리가 들렸다. 귀를 세워 소리 나는 곳으로 다가갔다. 창고의 귀퉁이에 잃어버린 시계가 숨은 듯 놓여 있었다. 물론 그 아이는 부자가 내건 용돈을 손에 쥘 수 있게 되었다.

가득 차면 귀한 것은 묻히게 된다. 일체의 소음이 없는 지경에 이르면 비로소 시곗바늘 소리가 들려온다. 마음도 마찬가지다. 외면적 소음이 요란하면 내면의 소리는 들리지 않는 법이다. 불필요한 소리들을 지워냈을 때 자신과 만날 수 있게 된다.

요즘 뜨고 있는 한 남자가 있다. 뿔테 안경을 쓰고 슈베르트 같은 파마머리에 톡톡 튀는 강의를 하는 김정운 교수다. 그가 얼마 전 '그리스인 조르바'를 읽고 사직서를 제출했다. 느닷없이 다가온 자유 때문에 교수라는 사회적 지위의 달콤함을 미련 없이 던져 버렸다. 쉰 살의 창창한 나이에 안정과 품위라는 매듭을 끊고 아슬한 자유의 끈을 집어 올린 그는 미뤘던 글쓰기에 몰두할 예정이라고 한다.

조르바가 질그릇을 만들 때 물레 돌리기에 방해가 된다며 자신의 왼쪽 집게손가락을 잘라버리듯이 진정한 자유는 추구하는 바가 분명해야 한다. 재미있어서 선택하는 것이 아니라,

선택하면 재미있다는 게 조르바의 이론이다. 가려야 할 삶의 끈이다. 자유는 도피가 아니라 새로운 영토로 진입하는 것.

내 마음에는 어떤 소음들이 들리는가. 당겨야 할 마음줄은 무엇인가.

3부

새에게는 길이 없다

새를 만나는 일은 글을 쓰는 것만큼 행복하다. 글을 쓰는 것만큼 새를 만나는 일도 행복하다. 매일 아침 산책길에서 침묵으로 새를 만난다. 새와 나란히 걸으며 해송 사이로 밀려오는 갯바람과 사각대는 억새와 입선立禪에 든 겨울나무의 잔가지가 떠는 미세한 소리에도 귀를 기울인다. 이러한 새의 몸짓이 내 상념을 흔들어 깨운다.

동살이 잡힐 무렵 공기의 부력으로 삼라만상을 회전시키는 새들을 볼 때면 새로운 세상으로 여행을 꿈꾸기도 한다. 때로는 새의 비상 뒤에 남겨진 긴 여운에 기운이 빠지기도 하지만 비상 같은 글쓰기는 내가 새가 되는 시간이다. 가진 것 없으면서 가벼우나 단단한 날개로 하늘을 가르는 힘찬 몸짓에는 인간이 흉내 낼 수 없는 성스러움이 담겨 있다. 글도 그러리라 믿는다.

어릴 적에 사방이 논밭으로 둘러싸인 시골 외딴집에 살았다. 집 앞 개울의 갈대밭과 늪에는 무수한 종류의 새들이 찾아왔다. 종다리와 들꿩과 물닭 무리까지 계절을 잊지 않고 조용히 깃을 내리곤 했다. 그러던 어느 날 사람에게도 가히 위협적인 장대비가 갑자기 쏟아졌다. 때마침 어미 새 한 마리가 온몸으로 비를 맞으며 논둑 둥지 속 알을 지키는 광경을 보게 되었다. 어떠한 외부 환경에도 꿈쩍하지 않으려는 부동의 자세는 모정을 뛰어넘어 차라리 초연함이었다. 그 박힌 상像은 어찌나 뚜렷하게 각인되었는지 지금도 간혹 빗속의 새를 만나면 발길을 쉽게 옮길 수 없다.

나의 글쓰기는 떠나온 고향을 처음 찾았을 때 시작되었다. 삼십여 년 전, 당시 한꺼번에 부모님을 잃게 된 어린 남매는 더 이상 그곳에 살지 못했다. 누군가에게 고향이라는 말만 들어도 가슴이 아리고 눈이 시려 왔다. 그런데 우연히 철새들의 서식지인 우포늪에서 비상하는 새들의 소리를 듣다가 문득 내 고향에도 새들이 앉았던 자리가 남아있을지 모른다는 기대감이 부풀어 올랐다. 그 아련한 기억이 힘겨운 발걸음을 이끈 것이다.

그 후 마음이 적적할 때면 고향 인근의 강과 저수지를 찾는다. 그곳에서 만나게 된 철새들이 나의 고적감을 차츰 치유해 주기 시작했다. 뻘흙 속에 발을 담그고 생명의 겨울 뿌리를 훑는 새들을 지켜보면서 고향은 뻘흙 같은 곳이 아닐까라고 생각한다. 수초가 겨울에도 싱싱한 뿌리를 내리는 그곳은 가시적인 공간이 아니라 원초적인 장소라고 여겨졌다. 청둥오리 떼가 화려한 군무로 귀향하는 모습을 지켜본 날 처음으로 한 편의 글을 완성했다. 신성한 새의 몸짓은 허둥대던 마음을 일으켜 주었고 글 속의 마지막 방점은 여릿한 마음을 조금씩 아물게 해 주었다. 가만히 생각하니 고향을 잃은 게 아니라 스스로 찾지 않았던 것이다.

새를 만나면 지금도 마음이 설렌다. 여행지에서 낯익은 새를 만날 때면 잃어버린 고향을 찾은 것처럼 가슴이 떨려온다. 노랑부리저어새가 주둥이를 뻘물에 넣고 휘휘 젓는 모습에서 시골 어머니의 영락없는 주걱질을 떠올리기도 하며 노목老木에 앉은 곤줄박이를 볼 때면 아버지의 잿빛 중절모를 생각한다. 적도 부근의 섬에서 공중을 선회하던 사막새와 붉은 바위산 아래에서 깃털을 털고 있던 열대조의 몸짓도 잊을 수 없다. 글의 길을 가다 보면 이러한 새들과의 낯선 만남으로 묵었던 응어리가 슬며시 풀리기도 한다.

언젠가 단테의 생가를 찾아서 피렌체 거리를 배회한 적이 있다. 중세 예술가들의 조각이 살아 숨 쉬는 웅장한 광장을 지나 좁은 골목길로 들어서자 고풍스러운 건축물들이 당당히 버티고 있었다. 하늘로 치솟은 첨탑 지붕의 화려한 성당과 푸른 대리석 벽의 주택 창가에 놓인 제라늄 화분들이 눈부셨다.

그 길에 또 다른 길이 포개졌다. 이십 년 만에 찾은 고향 강변길이다. 그리운 사람들이 떠난 후 철거된 집터와 진흙탕 사이로 겨울바람만 불어오던 황량한 강둑이 시간을 깎아내고 있었다. 단테의 생가로 이어지는 길은 짧았고, 개발에 묻힌 고향길은 누적된 시간만큼 길었다. 이제 그 길들이 제각각 내 가슴 속 두 심실에서 글의 길로 이어내고 있다.

단테의 생가에서 본 흰종이새를 떠올린다. 가까스로 찾아간 생가는 이끼 낀 돌담으로 둘러싸여 있었다. 눈에 뜨인 것은 석벽에 걸린 단테의 토르소가 아니라 누군가 갓 붙인 것 같은 풀기 머금은 한 장의 흰 종이였다. 그 속에는 유리딱새 같은 오종종한 새 한 마리가 그려져 있는데 금방이라도 물기를 털며 뛰쳐나와 관목 사이로 숨어들 것만 같았다. 새의 크기와 색깔이며 연락처와 그동안 주인이 불렀던 이름까지도 꼼꼼히 적혀 있는 것으로 보아 잃어버린 새를 찾는 내용으로 짐작되었다. 그 신선한 충격에 나는 한동안 말을 잃었다.

없어진 것에 대한 미련은 남게 마련이다. 날아가 버린 새를 어디 가서 찾는다는 말인가. 주인은 새를 찾기 위한 마음으로 종이를 붙이지는 않았을 게다. '심우도' 속의 수행자가 인간 본성을 찾아가듯이 '신곡'에서 잃어버린 자아를 찾는 단테를 닮고자 행한 일이라 여겨진다. 단테가 베아트리체를 잊지 못해 밤마다 어루만졌던 석벽에서 어떤 이는 날아가 버린 새의 온기를 그리워하고 작은 나라에서 온 여행자는 한동안 영감靈感의 새를 찾아서 서성거렸다.

새들의 소리를 들으면 마음의 귀가 열린다. 바다의 산책길에서 만나는 흰하늘새가 매일 아침마다 심상을 두드리는 소리를 들려주지만 나는 그것을 잘 듣지 못한다. 늘 설익기만 한 내 글에는 아직도 고향의 울림과 새들의 소리가 절반도 담겨있지 않다. 하지만, 새를 통해서 글에 눈을 뜨고 또 다른 마음의 울림을 들을 수 있다면 미조迷鳥를 찾아나서는 힘겨운 길몰이를 마다하지 않으려 한다.

하늘을 올려다본다. 그러나 새에게는 길이 없다.

전생에 나는

소리는 길이다. 소리와 소리가 만날 때 길의 고요도 더해지는 법. 때로는 작은 소리가 큰 소리를 잠재우기도 하고 작은 길이 더 큰 길을 앞서기도 한다.

최근 내 혼이 빠져버린 소리는 얼후 연주음이다. 두 쇠줄 사이로 울리는 음색은 난소 가락에 비파 선율을 엮은 것처럼 애잔하고 절절하다. 이 소리를 오래도록 듣고 있노라면 세월을 단걸음으로 치올라가 전생의 한 길모퉁이에 다다른 느낌이다.

아무래도 내 전생의 고향은 중국 어느 변방이었지 싶다. 몽골 유목민 여인이었거나, 티베트 고산지방의 원주민 처녀로 살았거나, 중국 윈난성 나시족의 딸이었는지도 모를 일이다. 운이 좋아 중국 황실에라도 발탁되었다면 지밀나인 자리는 오르지 못하더라도 무수리 직분쯤은 얻지 않았을까 짐작해 본다.

중국과 맺어온 인연은 종종 숙명적이라 여길 때가 있다. 내가 가장 먼저 한반도 지도 밖으로 발을 내디딘 곳은 자유중국이다. 그곳은 이십대의 첫 직장 생활 때 보름간 국비연수교육을 간 곳이라 나에게는 전생에 연을 맺은 회귀回歸와 다름없다. 그 후 북경과 심천, 마카오 등 중국 땅을 몇 번 더 다녀오게 되었는데, 그때마다 초면의 사람들이 구면인 듯 편안하기만 했다. 그뿐만 아니라 고질에 가까운 수집병까지 생겨, 엽서며 장식품과 전통 의상들을 제법 모으게 되었다. 어쩌다 차이나타운에서 중국 토속품과 마주치기라도 하면, 이유 없이 설레어 낯선 곳이 차라리 낯익다 싶은 향수에 젖게 되는 일도 예사롭지 않다.

혹자는 내 얼굴 생김새를 두고 몽골 여인이나 조선족 같다고 하는데, 주변 사람들의 맞장구 소리마저 과히 기분 나쁘지 않다. 어디 그뿐인가. TV에서 중국 기행 프로그램이라도 나오면 이산가족이 된 심정으로 뚫어지라 쳐다본다. 몇 번이나 재방송을 본 차마고도 절벽길은 안내자 없이도 갈 수 있을 정도로 눈에 익게 되었다. 성룡이 등장하는 추석 특집 영화도 매년 감초가 된다. 다들 쿵후 연기가 지겹다며 고개를 돌릴수록 화면에 코를 박은 채 눈을 떼지 못하는 내 태도가 하 수상하여도 어쩔 수 없다.

중국 음식마저 익숙한 맛으로 다가온다. 거름냄새 배어나는 보이차가 숭늉같이 구수하고, 마파두부는 어느덧 식탁의 터줏대감이 되었으며, 몸살을 할 때면 뜨뜻한 짬뽕 국물부터 찾는 일도 일상이 되었다. 이렇듯 혓바늘에까지 중국 향내가 묻어 있다는 것이 전생의 국적을 의심하는 연유이다.

하지만, 중국 땅에 마음줄을 풀어놓는 가장 큰 까닭은 음악 때문이다. '야래향'이나 '월량대표아적심' 같은 노래에 귀 기울이면, 실크로드에 깔린 석양이 눈에 내려앉고 이청조의 성성만과 이백의 월하독작 읊는 소리까지 귀에 고여 든다. 중국 음색이 야릇한 코맹맹이 소리라는 사람들의 주장과 달리 나에게는 그지없이 평온하게 들리기만 한다. 산안개가 창가에 고즈넉이 내려앉거나 빗소리가 마음을 옴팡지게 때리는 날, 명주실처럼 윤기가 흐르는 음향에 젖어들게 되면 엉킨 생각의 실마리도 저절로 풀리게 된다.

최근 중국을 그리는 이유가 하나 더 생겼다. 얼후 연주음에 푹 빠진 것이다. 지난해 겨울, 뉴욕중국예술단 방한 공연을 보았다. 중국 신화를 주제로 안무와 마임을 무대에 올려놓았는데 힘 있는 중국 정통 군무에 관객은 내내 경탄을 터트렸다. 그날, 마지막 공연 순서에서 난생처음으로 얼후를 만났다. 두 줄 악기라는 뜻인 얼후[二胡]의 이름이 낯설지 않던 까닭도 첫 글자인 '얼'이 '혼'이라는 우리말과 비슷해서였다.

넓은 무대 중앙에 붉은 치파오를 입은 연주자가 홀로 앉았다. 나는 그녀의 아리따운 모습보다도 품에 안긴 갈색 얼후에 먼저 눈길이 갔다. 국자 모양을 한 조그만 통에 기둥을 세운 품새가, 꽃대를 박차고 치솟은 연꽃의 기품 있는 자태 같기도 하고 장대 끝에 나무새를 단 신성한 솟대를 연상케도 했다. 얼후와 닮은 해금이 조용한 조선 노인의 이미지라면, 얼후의 몸체는 활기찬 몽골 처녀의 기운이 스민 듯 야무졌다.

얼후와 연주자는 나란히 객석을 향했다. 무대 가운데에 한 획이 세로로 그어졌다. 연주자는 마치 정인을 뒤에서 안아 다독이기라도 하는 듯 부드럽게 악기를 어루만졌다. 현의 울림이 긴 파장을 일으켰다. 작은 소리통에서 새어나는 신비한 음색은 갈색 빛으로 객석을 휘돌며 연주장을 에워쌌다. 여린 손가락이 얼후의 현을 건드릴 때면 애절한 소리는 우주로 흩어졌다가 다시 별빛으로 쏟아져 내린다.

소리가 때로는 영성을 만드는 법. 얼후이니 내 몸은 그 선율에 더욱 민감해진다. 일순간, 눈앞에 광활한 푸른빛 초원이 펼쳐진다. 야생마가 무리지어 달리고 순록을 탄 유목민 처녀들이 은빛 양떼를 몰고 지나간다. 저 멀리 수평으로 부는 바람을 맞으며 의연하게 서 있는 붉은 나무 한 그루. 청초한 치파오 처녀가 얼후에 온몸을 싣는다. 마침내 살아있는 나무가 된 얼후는 오히려 그 처녀를 감싸 안는다.

소리는 세월의 강을 따라 흘러간다. 닿지 못한 강섶과 마주치고 아쉬운 여울목을 지나고, 큰물 지던 강 상류도 맞닥뜨린다. 음의 물살을 따라가다 보니 대만의 야시장 거리를 기웃거리고 북경 이화원 호수에 눈살을 던지며 홍콩을 지나 심천 가는 뱃길에 오르기도 한다. 기억의 강은 깊고 넓어서 나는 공연이 끝나고 나서도 오래도록 자리를 뜨지 못했다.

얼후 가락은 이후 무시로 내 몸속을 헤집고 들어왔다. 묵향과 어우러지거나, 차향과 함께 머무는 소리에 마음이 녹다 보니 꿈속에서나마 곡의 흐름 정도는 흉내 낼 수 있게 된 듯하다. 누가 아는가. 혹여 후생에 진시황제를 만나면 이런 내 정성을 갸륵히 여겨 무수리에서 음악을 담당하는 주변궁奏變宮으로 승진이라도 시켜줄는지.

내게 얼후는 현現과 몽夢 사이를 넘나들게 하는 소릿길이다.

거룩한

누구나 마음에 담아두는 말 한두 마디 정도는 있을 게다. 주변인에게 물어보면 대답이 제각각이다. '흙둔지'라는 말에서 향수를 느낀다는 친구, '보고 싶다'라는 글자만 보아도 심장의 무게가 내려앉는다는 사람, '카르페디엠'을 외치면 엔도르핀이 솟는다는 지인도 있다. 반면, 삶이 순탄치 않은 어느 시인은 통곡하기 알맞은 장소를 찾아 몇 년째 '호곡장好哭場'이라는 말을 입에 붙이고 다니기도 하고, '눌인訥人'이라는 단어가 어눌한 자신을 칭하는 것 같다며 아예 아호로 정해버린 스승도 있다.

그들처럼 나도 요사이 관심을 두게 된 말이 하나 생겼다. 바로 '거룩한'이라는 다소 무거운 형용사이다. 이 말을 좋아하게 된 연유는 오로지 H 선생님 덕분이다. 선생님과는 수년간 같은 지역의 문학단체 회원으로 알게 되었다. 희수를 넘긴 연세에도 나이 예측을 불허할 정도로 젊게 보이는데 그 까닭은 항시 머금고 있는 웃음살 때문이라 여겨진다.

지난 늦여름, 분기탱천하던 매미 소리가 뚝 끊어진 어느 날이다. 평소 따뜻한 마음을 열어 주는 H 선생님의 안부가 궁금해져 전화를 드렸다. 지나는 길이면 잠깐 들리어 동인지 원고를 받아가라는 응답을 하신다.

그분이 소일 삼아 지내는 사무실을 찾았다. 낡은 소파에 기대어 한자가 빼곡히 적힌 약초도감을 줄 쳐가며 읽고 계시다가 나를 보더니 특유의 환한 웃음으로 맞아주셨다. 작설차도 미리 끓여놓았고 내게 줄 막사발 두 점도 신문지로 겹겹이 싸 놓으셨다.

그날, 선생님과 인근식당에서 가벼운 점심도 함께했다. 선생님은 말씀 도중, 이십여 년 전에 사별한 첫 부인을 떠올리고 눈물을 글썽였다. 당시에는 쉼 없이 흘러내리는 눈물 때문에 휴지 뭉치를 안고 살았다고 한다. 면전에서 노수필가의 눈물을 본다는 것은 남도에서 설국雪國을 보는 것만큼 어려운 일이다. 나는 당황하여 상 위에 놓인 맹물만 자꾸 비워내고 있었다. 헤어질 즈음, 선생님이 즐겨 쓰는 한 단어가 가슴을 찔러댔다.

그분은 첫 부인과 살았던 시절을 두고 "망처가 된 그 사람과 보낸 거룩한 시간"이라 잊을 수 없다 했다. 그 '거룩한 시간'을 글로 표현할 수 있어서 더없이 거룩하다 했다. 나에게는 "거룩한 시간을 내 주어서 감사하다." 했고, '거룩한' 품성을 가지면

'거룩한' 응답이 있을 거라 용기를 주었다. 심지어 식당 아주머니께도 "거룩한 점심상을 차려주어서 고맙다."라고 했다. 특정 종교도 가지지 않은 그분과의 대화 도중 '거룩한'은 무시로 등장하여 이야기의 맥을 이어나갔다. 그런데 신기한 일은 그 '거룩한'이라는 말을 아무리 들어도 질리지 않는 것이었다.

집으로 오는 길에 머릿속은 온통 '거룩한'으로 물들어갔다. 비를 머금은 하늘도 형용할 수 없을 만큼 거룩하게 보였고, 운전하기 어려운 좁은 골목길을 지날 때도 거룩한 길로 바뀌었으며, 전화기에 찍히는 광고 문자까지 거룩한 안내판으로 여겨졌다. 그럴듯했다.

나는 그날, 떠오르는 낱말마다 '거룩한'을 붙여 H 선생님을 흉내 내었다. 거룩한 말, 거룩한 눈물, 거룩한 풍경, 거룩한 그림자……. 몇몇 지인에게도 "거룩한 어쩌고저쩌고……." 하며 전화 응답을 해 보았다. 하지만, 모두 어디 까마귀가 우짖느냐며 외면할 따름이었다.

그분의 '거룩한'과 나의 '거룩한'이 왜 다른지 알 수 없었다. 어조도 다르고 발성도 다르다. 그러나 이것 때문만은 아닐 것이다. 삶의 연륜이 쌓인 선생님의 '거룩한'은 마음으로부터 길어올려진 마음소리지만, 나의 '거룩한'은 오직 입술에서 새어 나오는 입말이기 때문이리라. 하물며 "좋은, 멋있는, 괜찮은" 등의 말에도 마음소리와 입소리가 있을 터인데, 적어도 '거룩한'이라는 단어가 상대방 가슴을 적시려면 조금이나마 '거룩한'

삶을 살려고 노력한 사람에게만 가능한 일이겠거늘. 나 같은 무지자는 감히 흉내 낼 수 없는 감불생심敢不生心이 아닐까. 묵침默沈할 수밖에.

나는 오늘도 '거룩한'이라는 언품 앞에 준엄히 고개 숙인다.

꽃싸움

싸움 중에 아름다운 싸움도 있다. 보통 싸울 때는 말로써 상대방을 주눅 들게 하거나 주먹이나 무기를 들고서 위협하기도 한다. 그러나 아직도 꽃패를 던지며 입싸움하는 경우가 있다. 꽃의 춘추전국시대가 펼쳐지는 화투판이 다름 아닌 아름다운 싸움판이다. 아마도 꽃처럼 싸움을 하고픈 본능이 화투를 손에서 떼지 못하게 하는 이유가 아닐까.

내가 화투에 눈을 뜬 건 초등학교도 가기 전의 일이다. 어릴 때 우리 집은 동리에서 떨어져 있었기에 기억에 남는 일들이 제법 벌어졌다. 여름이면 동네 사람들이 모여 한뎃솥 가득 고기를 삶아 나누었으며, 가을건이를 끝내고 뒷마당에서 장구와 젓가락을 두드리며 신명을 푸는 일도 있었다. 밀주 금지령 때에도 외딴집에서 디디는 누룩 냄새는 쉽사리 들키지 않았다.

그럴 때면 어김없이 꽃싸움도 빠지지 않았다. 지루한 농한기와 긴 장마철을 메운 화투놀이는 나에게 무엇보다 흥미로운 일이었다.

어린 내가 무시로 어른들의 화투판을 기웃거리자 아버지는 나에게도 슬그머니 화투를 가르쳐 주었다. 보수적인 아버지로서는 유별난 자식교육이라 생각된다. 아마도 아버지가 내게 화투를 가르친 것은 무엇인가 실용성이 있다는 믿음에서였지 싶다.

어릴 적 화투는 그림책을 대신했다. 1월의 두루미, 2월의 꾀꼬리와 4월의 두견새, 8월의 기러기를 보며 집 앞 갈대밭에 찾아온 철새들의 생김새와 견주기도 하고, 매화와 벚꽃, 모란과 국화꽃의 이름을 익혀냈다. 6월의 모란에 나비가 함께 그려져 있는 것이 눈에 익었기에, 선덕여왕 일화에서 모란에 향기가 없다는 이야기를 처음 들었을 때는 어느 쪽이 맞는지 알 수 없어 고개를 갸웃거렸다. 11월의 닭모가지 형상을 한 동물은 세상이 태평할 때 나타난다는 전설 속의 봉황새라는 것도 화투가 없었다면 진즉 알 수 없었을 게다.

12월의 비 광光 이야기는 수도 없이 들었다. 일본 교과서 휴신修身에 실리기도 한 '오노의 전설'이다. 비 광의 갓 쓴 선비는 '오노도후'라는 일본의 귀족으로서 10세기경 당대 최고의 서예가였다. 오노는 붓글씨에 몰두하다 싫증이 나자 머나먼 방랑길을 떠나게 되었는데, 도중 수양버들에 기어오르고자 피나게 노력하는 개구리를 보게 되었다. 오르다가 미끄러지기를 반복하는 광경을 보고 "미물인 개구리도 저렇게 노력을 하는데, 하물며 인간인 내가 여기서 포기해서 되겠는가."라는 깨달음을 얻고서, 곧장 왔던 길을 되돌아가 붓글씨 공부에 정진하였다고 한다. 이 이야기를 떠올릴 때마다 나는 화투 속 선비가 김삿갓이었으면 더욱 감격했을 거라는 생각에 아쉬웠다. 선인들도 꽃놀이를 외면하지 못했다. '정월 송학에 백학이 울고, 이월 매조에 꾀꼬리 운다.'로 시작되는 화투타령을 읊조리며 즐기지 않았는가.

동네 어른들은 화투놀이를 꽃싸움이라 불렀다. 가만히 생각하니 내가 화투에 대해 긍정적인 이미지를 가지는 까닭은 꽃싸움이라는 말이 무조건 좋았기 때문이다. 외딴집 미제 군용담요 위에는 매화와 벚꽃, 등꽃과 붓꽃, 모란과 국화가 계절을 가리지 않고 득의만만하게 피어났다. 화투를 섞을 때의 민첩한 손맛은 달빛 받은 멸치 떼 몸짓처럼 싱싱하고, 화투짝이 짝짝 내리꽂히는 끗발 좋은 소리는 여름날 양철지붕을 때리는 소낙비 소리만큼 시원했다.

어린 나의 아침은 화툿목을 들고 운수떼기를 하는 것으로 시작했다. 일일패, 춘향이패, 갑오떼기 등 이제는 이름도 방법도 모두 잊어버린 화투패로 하루 점괘를 맞췄다. 그러다 화투를 칠 줄 아는 내 또래의 맞수를 만나면 주로 민화투나 육백을 쳤다. 화투 놀이는 초등학교 때가 절정이었다. 화투 석 장의 합이 9끗을 맞추는 갑오떼기로 암산을 해 온 터라 가감산 문제는 술술술 잘도 풀리었다. 당시 산수공부를 제법 한 까닭도 순전히 화투 덕분이라고 생각한다.

화투는 지금도 친근한 꽃싸움 놀이다. 명절이 되면 가족이나 친지가 화투를 치며 여흥을 삼는다. 심지어는 아랫사람과 윗사람이 함께 화투판을 벌여도 흉이 되지 않는다. 물론 시류에 맞추어 고스톱판도 변하고 있다. 전직 대통령 이름을 딴 고스톱이나 엿장수 고스톱, 문인 고스톱, 기자 고스톱 등 재미난 수칙으로 진화되었다. 하지만 바쁜 일정을 소화해야 하는 여고시절부터는 화투를 멀리하였고 화투에 대한 이미지도 바뀌게 되었다. 화투가 마작이나 포커와 같이 요행수를 바라는 도박의 대명사로 인식이 굳어지면서 화투판에 어울리고 싶은 생각이 없어졌다.

요즈음 젊은 세대들은 트럼프를 즐긴다. 서양 문화에 대한 동경심이 여가 생활에까지 미친 셈이다. 나라에서는 광산 도시에 공인된 도박장을 운영한다. 원래는 폐광 지역의 소득을 위한 제도였는데 지금은 사행성이 더 커져 버렸다. 그러다 보니 국외 원정 카지노 도박까지 하다가 패가망신하는 경우도 더러 생긴다. 사이버시대답게 인터넷 화투도 성행한다. 그러나 내 생각으로는 푸른색 군용담요 위에서 놀던 꽃놀이패에 비하면 묘미가 없을 것 같다. 표정을 읽을 상대도 없고, 긴장된 숨소리도 들리지 않고, 화투가 바닥에 떨어지면서 내는 싱싱한 소리도 없으며, 화투판 위로 오가는 세상 사는 이야기도 들리지 않는다.

그렇다면, 부담 없는 사람과 마주앉아 화투패를 돌리는 것이 더 인정 있는 놀이가 아닐까 싶다. 게다가 화투를 치지 않는 나도 슬며시 구경꾼으로 끼어들 수도 있다. 곁에서 훈수를 두다 보면 혹시 광 팔 일이 생길지도 모르지 않는가.

인생도 때로는 그럴 수 있을 거라 생각해 본다.

수필가의 변

시인은 근사하다. 이름부터 근사하다. '시인'이라는 단어를 입속에 넣어보면 꽈리 알처럼 부드럽게 굴려지고 장미 꽃잎 같은 향긋한 향기가 우러나온다.

시인의 꿈, 시인의 길, 시인의 섬, 시인의 마을, 시인과 촌장, 시인을 찾아서……. 어느 단어와 짝지어도 그럴싸하게 어울린다.

그러나 수필가는 호칭부터 거칠고 딱딱하다. 수.필.가. 하고 불러보면 토막말처럼 소리에 각이 생기고 음절 마디가 뚝뚝 걸리는 게 마치 덜 익은 보리밥을 씹는 듯 입안이 까끌해진다. 짐짓 시인 흉내를 내어보고자 수필가라는 말 뒤에, 수필가의 힘, 수필가의 집, 수필가의 언덕, 수필가의 노래, 수필가의 편지…… 등 꽤 괜찮은 단어를 붙여 봐도 시인만큼 폼 나지가 않는다. 심지어 유행가 가사에도 시인이라는 말은 넘쳐나지만 수필가는 찾아보려야 찾아볼 수가 없다.

그뿐인가. 종합문예지 차례를 훑어봐도 수필은 시의 앞자리에 앉지 못한다. 시, 소설, 수필 순으로 목차가 엮이는 게 관례처럼 되어 있는 지라 수필은 항상 책 후반부에서 얌전하다. 그러기에 수필가라면 수필이 한 번쯤 독자들과 먼저 눈맞춤이라도 했으면 하는 욕심이 생기게 마련이다.

나도 그런 허세를 부리고자 시도한 적이 있다. 내가 편집일을 맡은 동네 문학지에 두어 번 시와 수필 자리를 슬그머니 바꿔놓은 것이다. 책장을 넘기면 수필이 먼저 떡하니 자리를 차지하고 있는 게 여간 신통해 보이지 않았다. 그러나 번번이 편집위원이나 발행인의 눈에 덜미가 잡혀 다시 제자리로 밀려나기 일쑤였다. 그럴 때면 마치 어린 시절에 달리기를 하다가 바통을 놓쳐 등수에 들지 못한 것처럼 억울했다.

수필가는 외양부터 시인에게 수가 뒤진다. 문학 행사장에 들어서도 챙이 넓은 모자에 커다란 코사지로 멋을 부렸거나, 명주 머플러를 두르고 붉은 손톱물을 든 손을 흔드는 문인들은 대부분 시인이란 이름표를 달고 있다. 그들의 웃음은 자신감이 넘치고 낭송하는 목소리도 성우마냥 곱다.

반면에 수필가는 어찌해도 구별이 된다. 검정이나 갈색 또는 회흙색 옷차림을 하고 구두굽 소리를 낮게 내거나, 유행이 지난 목도리를 두르고 투박한 손가방을 든 채 구석 자리를 찾는다면 그 경우는 십중팔구 수필가다. 게다가 서로 생각하는 방향도 다르다. 시인은 꿈을 노래하고 수필가는 현실을 이야기한다. 시인은 꽃 피는 소리를 듣고 수필가는 꽃 지는 자리를 본다. 그래도 시인과 수필가는 문인이어서 서로가 통한다.

시인이라는 이름은 누구에게나 근사한가 보다. 내 가족이나 친척도 예외가 아니다. 일전에 모처럼 만난 친척 언니에게 내 글이 실린 동인지 한 권을 전한 적이 있다. 평소 내가 수필 쓰는 것을 모르던 언니는 활자로 찍힌 내 글의 내용보다는 단단한 약력을 가진 동인들과 나란히 내 사진이 책장 속에 있다는 사실이 더 신기했던 모양이다.

그 후 언니는 나를 다른 사람들에게 소개할 때마다 "우리 시인 동생이, 우리 시인 동생이……."라고 서두를 꺼낸다. 내 의지와는 상관없이 '부산 동생'에서 '시인 동생'으로 격상된 것이다. 나는 화들짝 놀라서 "수.필.가, 수.필.가." 하며 귀엣말로 언니의 허리를 찔러댔지만 언니는 그때마다 모른 척했다.

"시인이 발음하기 더 좋구마."

이 말이 언니의 변명이니 더는 정정을 포기할 수밖에.

고인이 된 박완서는 "시인의 꿈은 가슴이 울렁거리는 사람과 만나는 거다."라고 했다. 그렇다면 수필가의 꿈은 무엇일까. 흩어진 꿈 조각들을 모아 가슴 울렁이는 한 편의 글을 엮는 것은 아닐는지.

그러기에 나는 진정으로 수필가를 사랑한다. '수생수사隨生隨死'를 외치며 외길을 걷는 어느 선생님을 끔찍이 존경하고,

수십 권의 수필 이론서를 저술한 노老 선생님을 경배하며, 낮고 작고 보잘것없는 것에 눈길을 주어야 한다는 나의 수필 스승에게도 고개 숙인다.

그러나 무엇보다 한 편의 글을 쓰기 위해 장소와 계절을 가리지 않고 발품과 손품을 파는 무명의 수필가에게 가장 큰 박수를 보내고 싶다. 수필가라는 이름이 발음하기에 좋지 않더라도 수필을 향해 백두옹처럼 허리 낮추는 일만큼 멋진 일이 또 어디 있으랴.

바람을 먹는 돌

마을로 들어선다. 넓은 구릉에 우뚝, 그들이 줄지어 있다. 바람을 맞은 검은 나신들이 하늘을 떠받든다. 살아 숨 쉬는 모든 것들을 지배하는 부동의 자세가 숭고하다 못해 신령스러운 기운마저 느껴진다.

여기는 어디인가. 나는 이 석상들을 만나고자 무던히도 많은 돌을 지나왔다. 조심스레 그들 곁에 다가선다. 서 있는 돌에서 인간의 모습을 떠올린다. 인디언처럼 단단한 어깨와 구도자의 평온한 등이 보인다. 묵묵히 눈을 감고 있거나 먼 하늘을 올려다보는 노석老石도 있다.

얼굴 또한 여유롭고 신비롭다. 각각의 표정과 몸짓이 다르고 햇살 따라 낯빛이 변하기도 한다. 강물을 닮은 눈매와 노을빛 미소가 지그시 나를 내려다본다. 움푹 들어간 눈자위에 빗물

고인 석상은 눈물을 담은 듯 슬퍼 보이고 하얀 돌단풍을 피워 올린 머릿돌은 의관을 갖춘 신관마냥 굳고 위엄이 넘친다.

그들은 오직 바람만 먹고 산다. 바람을 막는 돌은 매끄러운 살결처럼 반들거리지만 바람을 먹는 돌은 곰보딱지같이 빼끔빼끔 구멍이 뚫렸다. 더군다나 속돌까지 새까맣게 그을렸다. 그 자태로 돌은 숨을 쉰다. 이러한 돌에 귀 기울이면 태왁을 안은 제주 해녀의 숨비소리가 들리고 도리깨질을 하는 어멍의 한숨 소리도 들을 수 있다. 제주 돌이 전하는 이야기가 이것인 듯하다.

돌이 사람을 기다리는 곳이 제주이다. 돌하르방부터 다듬지 않은 막돌까지 지천의 돌이 길손을 맞는다. 동네 어귀에 방사탑이 솟고 초집 문에는 정낭과 정주석이 버티고 섰으며 마을마다 울담이 그물처럼 긴 줄을 잇고 있다. 나는 이곳 돌마을에 와서야 인간이 돌 틈에서 나고 자라서 돌 틈으로 돌아간다는 제주 사람들의 믿음을 비로소 이해할 수 있게 되었다.

생각해보면 사람들은 언제나 돌에 마음을 기대었다. 살아서는 석장승이나 돌벅수를 의지했으며 죽어서는 고인돌에 대한 미련을 버리지 않았다. 돌무덤을 만들고 선돌의 호위를 받으며 동자석에게는 영혼의 시중을 들게 했다. 때로는 무덤가에 천년 돌담을 쌓아 이승과 저승을 인연의 끈으로 묶는다. 나는 이곳 돌마을에 와서야 인간이 돌 틈에서 나고 자라서 돌 틈으로 돌아간다는 제주 사람들의 믿음을 비로소 이해할 수 있게 되었다.

모서리가 파인 몸돌 하나 올려다본다. 시리도록 푸른 하늘을 등에 인 석상의 부동선 사이로 길게 바람이 흐른다. 주변 풀숲의 잎사귀들은 아직도 빗물을 털어내기에 숨이 차건만 석상들은 비바람조차 품어 안는다. 홰치는 외풍에 흔들리거나 무너지기보다는 몸을 내밀어 모조리 껴안는다. 그 신비로운 교감이 섬사람들을 이 땅에 남게 하지 않았을까.

단단한 돌 앞에 서면 잔뜩 움츠러들 수밖에 없는 일. 흔히 돌이 침묵을 지킨다고 한다. 그 말을 뒤집어 생각해본다. 침묵한다는 것은 말할 사연이 있다는 것을 전제로 하지 않은가. 그렇다면 이 석상은……. 순간, 번쩍 정신이 든다. 그동안 나는 돌 앞에서 얼마나 많은 말을 쏟아 냈던가. 마당에 있는 작은 돌부터 골목의 모퉁이 돌, 공원의 반지레한 돌과 강변에 있는 평평하고 넓적한 돌까지……. 하지만 누가 내 말에 이처럼 귀 기울여 준 적 있었던가. 묵묵히 내 푸념을 들어주기만 하던 사람이 있었던가. 돌의 묵언에 고개가 숙여진다.

석상이 긴 잠을 자고 있다. 아니, 명상 중이다. 이스터 섬의 모아이 상 같기도 하고 스톤헨지의 거석이 떠오르기도 한다. 생로병사를 뛰어넘고 희비애락을 건너뛰는 곳. 남녀노소가 있지만 더 이상 늙지 않는 곳. 이곳에 오면 버린 돌도 굄돌이 되고 구르는 돌도 제자리를 찾는다. 사람도 혼탁한 마음을 다독이면 물아일체가 될 수 있을 것만 같다. 깝신거리고 나부대는 인간들의 소리를 듣고도 못 들은 척 움쩍 않는 돌. 사람이 잠잠하면 돌들이 입을 열까.

나는 이 석상들을 어루만지며 하나하나 이름을 붙여본다.

"소리치는 돌, 웃는 돌, 술렁이는 돌, 부르짖는 돌, 춤추는 돌, 노래하는 돌, 그리고 바람을 먹는 돌……."

그러고 보니 바람을 먹는 돌이 가장 경외스럽다. 그 돌이 진정한 인고의 돌이다. 세월의 자취는 인간이 기록하는 것이 아니라 돌의 문양처럼 저절로 남겨지는 것이니까. 돌 사이를 천천히 걸어 본다. 홀로 걷고 또 걷다 보면 침묵의 돌들도 슬며시 말을 걸어올지 모르겠다.

겨울 소리

하늘에 빗금이 그려진다.

수리새 한 마리가 태양을 향해 솟아오른다. 커다란 날개를 바람에 내맡긴 채 가끔씩 물결치는 몸짓은, 인간이 아무리 많이 가져도 자신보다 행복하지 않음을 보여주는 듯하다. 문맹을 깨쳐 만물을 다스린다 하나 두 발로 무겁게 디디는 한, 마음껏 자유로울 수는 없는 일이다. 새들은 가벼운 깃털의 흔들림만으로 하늘을 온통 차지하니 어찌 물질로 행복을 저울질할 수 있을까. 어떤 것에도 얽매이지 않는 새들의 비상이 부럽기만 하다.

더 가까이에서 새들의 군락이 보고 싶어졌다. 서쪽으로 제법 기울기는 했으나 남은 햇살은 충분했다. 고속도로를 여기저기 달리면서 지나쳤던 산들을 곰곰이 생각하니 새들의 모습이었다고 여겨진다. 단풍으로 불이 붙은 늦가을 가지산은 청둥오리들의 군무였고, 동학사에서 본 겨울 계룡산은 타버린 재로 덮인 양 금방이라도 휘파람새를 날려 보낼 기세였다. 지난해, 차창 밖으로 지나쳤던 화왕산은 한 마리 도요새마냥 잔설로 물기 머금은 기운을 뿜어내고 있었다. 산처럼 들도 새를 맞이하는 뜨락임은 마찬가지다.

인적이 드문 우포늪은 자연의 소리로 광활하다. 바싹 마른 갈댓잎은 겨울바람으로 몸을 비비고 작은 물떼새들은 종종거리며 자맥질하고 있다. 고개를 낮춰 귀를 기울이면 늪의 수생식물 숨소리마저 들려오는 느낌이다. 저 멀리 쪽지벌에서 '혹 호혹호' 하는 고니의 외침에 기러기 떼가 '과우우우' 답하며 깃털을 털기 시작한다. 박자 없이 소리치는 새들의 울음소리가 승전보를 안고 오는 군사들의 함성을 닮았다. 닫힌 마음에서 모처럼 시원스레 회오리바람이 인다.

울음소리. 나도 저 새들처럼 한때 무척 소리를 질렀다. 걱정에 사로잡혔을 때, 실패에 대해서 발 동동 구르며 안타까워 고함치고, 억울함에 대해서는 분노로 대들었다. 뜻밖의 이별에 대해서는 세상을 향해 서러운 통곡을 하였다. 그 시간들도 세월에 묻히는 운명을 지녔는지, 이제는 숨비 소리가 가슴에서 낮게 들려올 뿐이다.

탐조. 서두르지 않고 지그시 겨울 철새들을 바라본다. 새를 살피는 일이란 원시시대를 만나는 길이다. 나는 두 손에 갈돌을 든 유목인이 되어 중생대 시기에는 호수였을 늪둑을 따라 천천히 걷는다. 청둥오리 떼들이 귀향을 위해 몸을 키우느라 뻘흙 속에서 먹잇감을 찾고, 풀씨를 찾는 쇠기러기들은 발자국을 부지런히 남긴다. 가끔씩 무리에서 벗어난 서너 마리가 북녘 고향을 응시하기도 한다. 새를 살피다 보면 내 발이 오래 그 자리에 박혀 있으면 싶다.

출현. 은빛 털을 가진 큰고니 한 마리가 갈대 사이로 모습을 드러낸다. 늙은 소나무 사이로 비친 석양을 등에 업고 외발로 곧추선 자세에서 생명의 기운을 전해 받는다. 저 새도 혹한기를 피할 시베리아를 꿈꾸겠지. 상처로 얼룩져도 돌아갈 고향이 있다면 그나마 다행한 삶이다 싶다. 그러지 못한 처지라면 고향이라는 말만 들어도 휑한 바람이 일 게다.

몇 해 전의 일이다. 새내기 운전자가 되어 이십 년 만에 고향 마을을 찾았다. 예전의 마을이었던 들판에는 넓은 도로가 뻗어 있고, 유년시절의 사람들과 동네 집들은 사라진지 오래였다. 둑방길을 따라 한참 걸어가니 조그만 집터가 나왔다. 나온 게 아니라 외딴집 흔적을 가까스로 찾아낸 것이다. 흙덩이 사이로 땅을 밟아보았다. 마당에 그림자를 드리우던 무화과 잎사귀가 흔들리는 환영이 비쳤다. 이따금씩 얼룩무늬 비비새가 쉬어가던 작은 개울과 닭 무리가 놀던 갈대숲 자국도 조금은 남아 있었다. 하지만 그들의 소리들은 온데간데없었다.

무엇보다 아쉬운 소멸은 초가집 추녀에 달린 제비집이다.

비가 내리는 날에 어미 새는 새끼 제비를 위해 좁은 제비집에 들어가지 않고 전깃줄에 앉아 비를 흠뻑 맞았다. 그러고 보니 어머니도 비가 오면 늘 부엌으로 나가서 시간을 보냈다. 퀭한 제비 모습에 철없는 자식들만 남겨두고 삼십 년 전에 떠난 부모님이 겹쳐지면서 가슴이 후루룩 비로 젖는다. 부모가 되는 일은 온몸을 적시는 희생이라던 어머니의 말이 자식을 키우면서 비로소 제비 소리와 함께 떠오른다.

갈대 사이로 보이는 세상이 편안하다 하면서 두어 시간을 앉아 있었다. 겨울 소나무 사이로 비치는 여린 석양이 따스하다 느끼면서, 구름 사이로 훠이훠이 나는 저 새들을 닮고 싶다 하면서, '엘 콘도 파사'를 조용히 흥얼거려 본다.

인간은 날지 못하는 새다. 마추픽추를 떠날 수밖에 없었던 고대 잉카인들도 자신이 새였으면 하고 바랐을 것이다. 살던 곳을 잃고 쫓겨난 콘도르처럼 나 또한 겨울 철새의 무리에서 뒤처진 한 마리 새가 아닐까 싶다. 씁쓰레한 마음을 피하듯 고개를 내리니, 물속에는 깃털을 드리운 내 그림자가 이미 반쯤 흔들리고 있다.

늪 가장자리에서 겨울 풋바람이 매섭게 밀려온다. 얼마 후면 저 새들도 귀향할 게고 새 울음으로 충만한 저곳은 한동안 정적의 늪으로 남을 게다. 하지만 봄이 되면 남쪽에서 날아온 도요새들이 두런거리며 한철 집을 짓기 시작할 게다. 빛살을 맞은 연녹색 매자기 군락 안으로 논병아리들도 오종종 몸을 드러내고, 왜가리가 골풀 사이로 의연한 자태를 한껏 뽐내면 다시 늪은 활기를 돋우리라.

늪은 매년 침묵으로 새들을 기다린다. 불현듯 내 고향도 언제나 그곳에 자리매김하고 있다는 생각에 갑자기 발걸음이 급해진다. 멀리 고향마을에서 훈김이 뭉클 불어오는 듯하다. 겨울 저녁의 우포늪이 다시 활기로 꿈틀대기 시작한다.

이제 비 · 상 · 이 · 다.

실패의 힘

나는 오랫동안 사교육 현장에서 아이들을 가르쳐 왔다. 현대문학을 읽기도 하고, 대입 논술 문제를 풀기도 하며, 때로는 에세이를 가르치기도 한다. 가장 즐거운 건 역시 에세이 쓰기다. 그러나 이 일이 부모의 요구에 따른 수업이라 교사 마음대로 교안을 바꾸지 못한다. 학부모의 심기와 기호에 따라 수입이 달라지는 게 현실이니까.

그런데 요즘 신나는 일이 생겼다. 대입 입학사정관제도에 자기소개서 쓰기가 필수 항목이다 보니, 그 바쁜 고등학생들께서 틈틈이 에세이 쓰기를 원하는 것이다. 내가 내준 글감에 고개를 갸웃거리고 눈을 찡그려가며 글을 써 내려가는 모습을 보노라면, 얼마나 대견한지 모른다.

그중, 한 여고생은 나와 수업시간에 쓴 글을 전국 글쓰기대회에 응모하여 장관상을 받아 대박을 터트려주기도 했다. 덕분에 그 학생이 다니는 학원에 홍보용 대형 플래카드가 걸렸고, 지방 신문에는 여학생의 야무진 얼굴이 크게 실렸다. 국어 과목이 담당인 담임 선생님은 동료 교사와 교장 선생님의 치하를 받았고, 학생 어머니는 상금으로 교무실에 떡과 과일을 돌렸으며, 학교는 잠시 잔치 분위기가 되었다. 올해 그 학생은 십여 군데 대입수시 원서를 냈고, 자기추천서에 당당히 장관상 수상이라는 승리의 단어를 적을 수 있었다.

하지만 우리는 언제나 이길 수만 없다. 이 여학생은 대단히 운이 좋은 경우이고, 대부분 학생은 몇 번의 문학상 응모에 실패하면 좌절하고 만다. 예민한 시기에 입은 상처일수록 아픔은 더 진하다.

얼마 전의 일이다. 자정이 가까워진 시간에 전화벨이 울렸다. "선생님……." 하고 울먹이는 목소리는 분명히 보라였다. 보라는 나와 3년 가까이 수업을 했던 여학생인데, 2년 전쯤 그만두었다. 그때는 보라의 두 살 터울 오빠도 몇 년간 수업을 받고 있었다. 보라 수업을 그만둘 때 어머니는 내게 단단히 화가 나 있었다. 보라 오빠가 논술 시험이 있는 수시모집과 정시모집에 모조리 낙방했기 때문이다. 보라 또한, 이곳저곳 문학상과 백일장에 응모했지만 단 한 번도 입상하지 못했다. 당시 나는 수업료만 챙긴 무능한 선생이었기에 삭탈관직당한 죄인처럼 얼굴을 펴지 못했다.

보라의 전화 내용은 대충 이러했다. 올해 수시모집 대입원서에 자기소개서를 적으려 며칠 동안 고민해도, 자신은 상 받은 것도 없고, 자격증도 하나 없으며, 임원 선거에서도 모조리 떨어졌기에 도저히 쓸 내용이 없노라 했다. 나도 덩달아 암담했다. 이럴 때 무슨 말을 해 주어야 하나, 성현들의 명언을 재바르게 머릿속으로 훑어나갔다.

불가능할지라도 꿈은 꾸어야 한다고 할까, 고생 뒤에 성공이 있다는 말로 다독여 줘야 하나, 창조적 자유가 실패 속에 있다는 아리송한 말로 얼버무릴까. 가련하고 희망 잃은 보라가 진정 듣고 싶어 하는 말은 무엇일까. 잘 알 수 없었다. 나는 보라에게 그동안 시험에 떨어진 일과 노력했던 경험을 다 적으라고 했다. 세상에는 합격한 사람보다 불합격한 사람이 훨씬 많다는 것을 강조하며, "괜찮아, 지금부터 다시 시작이야."라는 말도 잊지 않았다.

다음 날, 보라가 보내온 자기소개서 파일을 열어본 나는 그만 울음을 터트리고 말았다. '저는 한자 3급 시험에 떨어지는 고배를 맛보았습니다. …… 2학년 여름 방학부터 일본어능력 2급 시험을 쳤으나 노력이 부족한 탓인지 계속 낙방하였습니다. …… 일본어 스피치 대회에 스스로 번역한 글로 무대에 섰지만, 심사위원의 눈에 들지 못했습니다. …… 청소년 외국어 경시대회에 참가했으나 합격자 명단에서 저의 이름을 찾을 수 없었습니다. …… 제 실력이 뛰어나지 않아 교내 백일장에서조차 상을 받지 못했습니다. …… 그러나 이러한 실패가 오히려 다시 일어설 수 있는 열정의 기회를 만들어 주었다고 생각합니다.'

가슴이 아팠다. 앞으로 보라가 헤쳐 나가야할 난관은 얼마나 더 많고 더 험할까. 그리고 내가 넘어서야 할 고비는 얼마나 더 남았을까. 나는 아직 운전면허증을 제외한 국가자격증 한 장 갖추지 못했고, 어설프게 말려든 두 번의 재판에서도 이겨 본 적 없으며, 석사논문 제출 계획서도 통과하지 못했다. 이십대 때 첫 직장에서 받은 일 년치 월급도 몽땅 떼였으며, 등기 설정을 하지 않아 13년간 운영하던 학원도 고스란히 날렸다. 급한 성격 때문에 낸 접촉사고로 남의 차 수리비도 제법 들었다. 누명도 써 보았고 모함도 있었으며, 최근에는 아픔도 당해 보았다.

이렇듯 절망과 패배에도 나는 또다시 꿈을 꾼다. 아침마다 일어 학원에 다니고, 주말이면 기타를 치고, 연말이면 신년 계획을 세운다. 몇 년 간 실패했던 다이어트도 포기 않고, 인도 여행의 꿈도 버리지 않으며, 매번 중도에서 깨는 적금도 이번만은 만기인출하려고 허리를 묶는다. 실패가 많다는 것은 시도가 많았다는 증거라며 스스로 위로한다.

실패를 거듭하여도 인생에 멋진 일이 더 많다고 하면 보라가 이해할 수 있을까.

그 후, 두 달이 지났다. 보라가 다시 울먹이며 내게 전화를 했다. 좋은 대학은 아니지만, 원하던 일어일문학과 수시모집에 합격하였다는 소식을 전하면서 선생님 덕분이라고 했다. 나는 보라에게 실패한 일을 모두 적어보라고 한 말이 기억났다. 결국, "실패는 다시 시작이다."라는 말을 보라에게서 확인한 셈이다.

북 치는 나무

북소리 찾아 길을 나선다.

세상에서 가장 큰 북을 매단 나무를 만나고 싶어 의령길을 찾았다. 세상에는 그 북보다도 더 큰 북이 있을 테지만, 나라를 구하고자 매단 북보다 더 큰 북이 어디에 또 있을까. 그러한 생각을 하며 유곡천을 건너니 들판 한가운데 아담한 마을이 보인다. 세간리 마을이다.

마을 어귀에 들어서자마자 동체 굵은 둥구나무 한 그루가 눈에 들어온다. 우뚝 선 나무 밑으로 한적한 마을이 팔월의 뜨거운 계절 속에 평온하게 잠들어 있다. 느티나무에서 울려 나오는 매미 소리만이 마을의 평화를 잔잔하게 깨트리고 있다. 그것은 시끄러운 소리가 아니라 이 마을에 들어서는 사람이면 누구나 깨어 있으라는 경종의 소리다. 동네를 지키는 소리 나는 솟대랄까. 사람의 마음을 울리는 당산나무랄까. 마을의 지붕 하나하나까지 그 나무 밑에서는 다소곳이 고개를 숙인 듯하다. 나 또한 마을의 엄숙하고 조용한 분위기를 감히 깨트릴 수 없어 발소리를 죽여 나무를 향해 다가갔다.

나무 허리에는 색색의 금줄이 매어져 있다. 당산나무로서 마을을 지켜온 표식이다. 붉고 노랗고 푸른 오색의 색깔이 어떤 것은 낡고 어떤 것은 새것이다. 사람들이 이 나무를 얼마나 소중히 여기고 있는가를 한눈에 알 수 있는 징표다. 마치 마을 주민들이 금빛 허리끈을 매어준 것처럼 보인다. 동네 사람들은 그 나무가 영험한 힘으로 마을의 악귀를 물리쳐준다고 믿어 지금도 금줄을 매고 제를 올려 받든다.

하지만, 이 나무는 보통 동네의 당산나무와 다르다. 북 치는 나무이기에 남다른 대접을 받는다. 그때 나무 밑에서 무더위를 피하고 있던 노인 한 분이 다짜고짜 이 나무에 대해 자랑을 아끼지 않는다. 나무가 북을 매달고 있었다고 설명해준다. 그러고는 대뜸 이 나무에 귀를 기울이면 무슨 소리가 들리는지 맞추어 보라고 이야기를 건넨다.

현. 고. 수.

북을 매단 나무다. 매달 현懸, 북 고鼓, 나무 수樹, 현고수란 이름을 얻은 나무다. 현고수라고 이름 붙여진 까닭은 임진왜란이 일어났을 때 의병대장 곽재우 장군이 북을 매달아 쳤기 때문이다. 전국 최초로 의병을 모아 훈련을 한 역사가 깃든

나무가 이제 마을을 지키는 서낭나무로 우뚝 섰다. 물론 그전에도 그랬을 것이다. 장군이 나무에 북을 매단 까닭은 마을의 수호신이기 때문에 나라의 수호신도 될 수 있다고 믿었기 때문이 아닐까. 우람한 모습으로 보아 가히 전승목戰勝木으로 불러줄 만하다. 세 사람 정도 붙어야 겨우 붙잡을 수 있는 아래 둥치 하며 사방으로 뻗은 가지가 당당하기 이를 데 없다. 현고수야말로 마을의 터주 어른이다. 집안 어른 주위에 식솔이 모여들듯이 현고수 주변에 마을 주민들이 모여든다. 그렇게 생각하니 내가 여기에 온 것이 무언의 부름을 받은 것 같아 뿌듯하고 이제야 온 것이 죄송스럽기도 하다.

나는 나무 밑에 있는 노인에게 "북소리가 들리는 듯하네요."라고 대답해 주었다. 그러자 주변 노인들의 얼굴에도 환한 미소가 퍼져간다. 아직도 현고수는 북소리를 머금고 있기에 소리를 듣고자 하는 이에게 울림의 파동을 전해주는 것이라고 여겨본다.

현고수는 역사의 나이테로 자란다. 육백 년 세월을 거친 몸피는 그간의 자랑스러운 역사를 말해주는 듯 넓은 그늘을 드리우고 있다. 찬찬히 나무를 살펴보니 성한 것만은 아니다. 어찌 오랜 세월을 제 몸으로 버틸 수 있을까. 몸체 중간 중간에는 빈속을 채워놓은 수술 자국이 선명하다. 하지만, 그 수술 자국조차 목질로 변하고 있는 듯하다. 용감하게 싸운 의병들의 혼이 고스란히 지금까지 살아왔음인지 윗가지와 무성한 잎은 생생하기만 하다.

한쪽 가지가 휘어져 있다. 북을 걸어둔 흔적일까. 어쩌면 최초로 의병을 일으킨 장군의 기백에 스스로 몸을 굽힌 것은 아닌지. 몸을 굽힌다는 것은 항복을 뜻하기도 하지만 충절에 감복하는 뜻이 더 클 게다.

속리산 법주사 앞에도 정이품송 나무가 있다. 그 나무는 세조가 탄 수레가 지나갈 수 있도록 가지를 들어 올려 길을 내주었기에 임금으로부터 정이품송의 품서를 받았다. 현고수는 그 나무처럼 국가에서 인정하는 벼슬을 얻지는 못했지만 충심에서는 더 높다고 생각된다. 임금에게 고개를 숙인 것보다 나라를 구한 의병에게 고개를 숙였으니 더 의의로운 민중의 나무라고 할 수 있겠다.

현고수 곁에 바싹 다가서 본다. 나무에 기대어보기도 하고 귀를 대기도 하고 두 손을 뻗어서 껴안아 보기도 한다. 내 손이 옛 사람들의 체구를 만지는 것 같다. 장군도 전장으로 나서면서 비상한 각오로 나무둥치를 어루만졌을 것이며 북소리를 듣고 모여든 의병들 또한 나뭇등걸에 손을 얹고 현고수 결의를 다지지 않았을까. 그들에게 이 나무는 단순한 나무가 아니라 조국과 민족 그 자체일 것이다. 내 생각에 동의라도 하듯 나뭇잎도 바람에 일렁거린다.

현고수 주위를 천천히 돌아본다. 떠나야 할 발걸음이 아쉽기만 하다. 나는 지금까지 가장 선한 것은 물이 아닐까 하여 상선약수上善若水라는 말을 무척이나 좋아했다. 그러나 이제 세상에서 가장 의로운 것은 나무가 아닐까 싶다. 물은 세상 순리에 따라 위에서 아래로 흐르지만, 나무는 인본의 도리에 따라 아래에서 위로 오르는 것이 아닌가. 그렇게 생각하니 내가 앞으로 마음속에 지녀야 할 말은 상선약수上善若樹라고 여겨진다.

돌아오는 길 내내 귓전에서 북소리가 그치지 않는다.

오뎅끼데스까

압언壓言

요강

바람의 현絃

여

뽕짝 인생

두터운 봉투

혼의 배내옷

홍탁미맹洪濁味盲

오뎅끼데스까

지나던 발걸음을 멈춘다. 골목시장 포장집에서 붕어빵 틀을 치우고 어묵 솥을 걸었다. 주황색 포장 천막에 '오뎅끼데스까' 라고 쓴 비닐 간판이 재치 있다. 동강 난 무가 뜨거운 육수 속에 담기고 굵은 대파 사이로 청홍초가 띄워졌다. 펄펄 끓는 국물 속에 잠긴 어묵들이 얌전하다. 뿌옇게 피어오르던 김이 바람에 흩어져내린다. 마치 자욱했던 물안개가 사라지듯 가뭇없다.

짭조름한 물 냄새가 난다. 때로는 냄새가 시간을 돌려놓기도 하는 법. 내게도 순식간에 기억 속으로 빠져들게 하는 음식 냄새가 있다. 강물같이 파란 재첩국 내음을 맡으면 "재칫국 사이소" 외치며 발품을 팔던 어머니의 여윈 목소리에 선뜻 숟가락을 들지 못하고, 첫 소풍 때 아버지가 조선간장을 뿌려 토관같이 둘둘 말아주었던 김밥의 고소함은 아직도 코끝에 배어 있다. 그러나 지금 골목길을 가득 메우는 저 냄새……. 어묵 솥이 뿜어내는 물비린내를 맡는다. 익다, 낯설지 않다. 아린 기억이다.

언니가 살던 춘천에는 딱 두 번 갔었다. 처음 본 소양강 새벽안개는 기가 막혔다. 바닥에서 끓어오르던 물안개가 강변 버드나무 숲을 다 태울 듯 흰 불로 번져 오르다가 해가 뜨자 거짓말같이 사라지고 말았다. 떠나는 것들은 스스로 흔적을 지운다. 강물도 물길을 남기지 아니하고 바람도 소리를 재운다. 노을은 그림자를 싣고 가고 산사의 북소리도 능선을 타고 흘러 다시는 오지 않는다. 심지어 손 한번 흔들지 않고 가버린 사람도 있다. 사라진 자리에 남는다는 것은 얼마나 가슴 아픈 일인가.

두 번째 만난 소양강은 질리도록 푸르고 잔잔했다. 지난해 가을, 그 강물에 연꽃 같은 여자가 몸을 날렸다. 연화蓮花라는 이름을 가진 여자, 작고 가냘프고 정 많던 여자, 언제나 잘 웃던 여자……. 언니를 보내러 간 그날의 소양강에서는 물안개의 흔적을 다시 찾지 못했다. 한낮의 강물은 이 생의 외로움을 저편으로 옮기느라 아주 천천히 흐르고 있었다.

뼈 항아리는 따뜻했다. 한 사람의 인생이 한 줌의 유골로 남아 봉합되어졌다. 마지막 인사를 하고 나오는 길에 자꾸만 목이 탁탁 막혀왔다. 눈물이 안에서 마르는지 속이 바짝 타들어갔다. 아버지와 엄마와 이복오빠의 죽음 때도 같은 증세였다. 진정 뜨거운 눈물은 혼자 있을 때 흘러내린다.

부산행 버스를 타기 위해 한참을 걸었다. 길은 걸을수록 더욱 낯설어졌다. 춘천을 떠올리면 언제나 따라붙던 '호반의 도시'나 '소양강 처녀' 같은 낭만적 이름들도 생경해졌다. 안개가 좋아서 살고 싶었던 곳, 나와 춘천의 인연도 여기까지라는 허무함이 밀려왔다. 서서히 허기가 들었다. 그제야 며칠 동안 제대로 음식을 삼키지 않았음을 알았다.

국물 생각이 간절했다. 터미널 근처에는 길손을 위한 음식점이 즐비했지만 쉽게 마음 닿는 곳이 없었다. 평소 입맛을 당기던 매운 닭갈비는 간판만 올려 봐도 속이 쓰리고, 혼자 먹기에 좋을 중국음식도 배만 더부룩해질 것 같았다. 그때였다. 길모퉁이 작은 어묵 가게의 허연 김이 눈길을 잡았다. 허리가 굽은 가게 할머니는 나에게 건성으로 인사를 하고 연신 찬거리를 다듬었다. 어묵 솥 가득 국물이 소리 내어 끓고 있었다. 곡기를 거부하던 몸이 뜨거운 국물 한 국자를 받아들였다.

언니는 육신을 바수어 이승을 하직하고 생선은 온몸을 바쳐 어묵으로 다시 태어났다. 나는 그 생선묵 국물을 연거푸 들이켰다. 따뜻한 기운이 전신을 데워왔다. 아늑했다. 지느러미를 세운 물고기들이 내 몸을 휘돌면서 위로의 말을 건네는 것만 같았다. 울컥 생목이 넘어왔다. 참았던 울음이 터질 것만 같아서 더 크게 후룩후룩 소리 내어 마셨다.

춘천어묵은 부산어묵처럼 탱탱하지 않았다. 꼬깃하게 접혀

서 퉁퉁 불어터진 폼이 속울음을 삼킨 내 몰골과 엇비슷했다. 어묵집 앞에만 가면 습관처럼 흥얼거려지는 노래가 생각났다. "삼거리 오뎅탕집 내가 정녕 울고 있었나 있지도 않은 사랑을 키워 갚지도 못할 공약을 걸고 하지도 못할 기적을 깨워 그렇게도 가지려 했나…… 다 지난 사랑아 더 이상 날 잡지 마라 이 못난 숨 한번 들이키고 난 내 갈 길을 가련다……" 부산 출신 가수 정차식이 흐느끼듯 부른 '삼거리 오뎅탕집'이다. 쓸쓸한 노랫말에 언니의 야윈 얼굴이 자꾸 겹쳐왔다. 그날의 어묵 국물은 산 자의 빈속을 채우며 남은 삶을 가없이 위로해주고 있었다.

포장집 어묵이 뭉근히 끓는다. 음식 중에 어묵 국물만큼 만만한 것이 있을까. 격식을 차리지 않아도 되고 주머니 사정이 넉넉지 못해도 괜찮다. 꼬치어묵 하나를 먹으며 몇 번이나 국물에 국자를 들락거려도 눈치 보이지 않고, 까탈스러운 주모에게 생소주 한 병만 시켜도 어묵 국물만큼은 덤으로 내어준다. 심지어 '어묵국물 무한리필'이라고 붙여놓고 인심을 얻는 리어카 어묵집도 본 적 있다. 접빈의 격이 있는 음식은 아니지만 서민을 섬기는 따뜻함이 담겨 있다. 뜨거운 국물을 천천히 마셔야 하듯 인생도 욕심내지 말라고 넌지시 알려준다.

태생적으로 주인공이 될 수 없는 것도 국물의 운명이다. '국물부터 마신다'거나 '희멀건 국물만 있더라'는 비아냥거림을 듣기도 하고, '국물도 없다'는 매운 말에 쏘이기도 한다. 멀쩡

한 입천장을 데게 하는 주범이 될 때는 기가 팍 꺾이고 만다. 건더기를 덜 익히거나 불게 해서도 아니 되며, 갖은 양념이 맛을 보태어줄 때까지 묵묵히 불기운을 견뎌야 한다. 맛의 시험대에서 태클을 당하는 것도 국물이 먼저다. 싱겁지도 짜지도 않은 조화와 균형미를 갖춰야 한다. 삶도 그렇다.

꼬챙이에 꿰어진 어묵들이 몸을 불려낸다. 몇 해 전의 일이다. 해마다 여는 통도사 봄꽃 시화전에 어느 남성작가가 '오뎅꽃'이라는 시를 써서 내건 적이 있다. 모두 동백과 매화, 금낭화와 산수유 등 계절꽃으로 글꽃을 엮었는데 그분의 엉뚱한 표현에 적이 당황하였다. 그런데 가마보코라는 어묵의 일본 이름이 부들꽃 이삭에서 유래되었다고 하니 이제야 충분히 고개가 끄떡여지는 일이다. 열기 가득한 국물 솥에서 봄꽃이 된 어묵들이 춘몽을 꾸고 있다.

내가 어릴 때는 천어賤魚로 어묵을 만들었다. 읍내 공장에서는 깡치나 매퉁이 같은 잡어로 가공했지만, 시골집에서는 새끼 물고기들을 한뎃솥에 쪄서 통째 절구에 바수었다. 구수한 시장 어묵 맛과 견줄 수는 없어도 잔뼈가 씹히던 손어묵과 어수제비의 비릿한 맛을 잊어본 적이 없다. 뼈째 내어주는 것은 아낌없이 목숨을 바친다는 뜻이다. 인간을 위한 장렬한 죽음, 그것은 절대적 헌신이다. 오늘날 어묵이 뼈를 발라낸 연육으로 만들지라도 어묵과 마주하면 생선의 거룩한 희생을 먼저 생각한다. 생선을 뒤집으면 선생이 되듯이 천어賤魚를 고쳐 천어天魚라고 늦은 글 대접이라도 해주고 싶다.

무엇보다 어묵의 미덕은 부드러움에 있다. 물어묵을 건져 한입 베어보라. 사탕의 단단함이나 청량음료의 되쏘임처럼 항거나 역행이 없다. 마치 바람을 타고 풀이 눕듯 머뭇거림이나 망설임 없이 단번에 꺾여 입안으로 엎드린다. 어묵의 순한 천성이 사람의 마음을 열게 만드는 것이다. 이 뻣뻣한 세상에 자신에게 바싹 수그려 준다는 것이 얼마나 갸륵한 일인가.

빨간 플라스틱 컵에 담긴 어묵 국물을 삼킨다. 익숙한 맛이 목젖을 타고 흐른다. 아픈 마음을 데워주던 온기가 온몸을 감싼다. 맛이 다감하다. 언니가 떠나던 날 춘천 터미널에서 먹었던 바로 그 맛이다. 어묵 솥에서 뿌옇게 물안개가 피어오르더니 짧은 인연처럼 금세 흩어지고 만다.

여리디여리던 사람. 나는 또다시 잊히지 않는 한 사람을 생각한다. 이곳에 오래 서 있으면 "오뎅끼데스까" 하고 툭툭 농을 치며 다가올 것만 같은 그리운 사람을…….

압언壓言

그냥 좋더라

그냥 좋았다, 그때는.

방앗간 긴 줄 속에 서서 온종일 가래떡을 기다리고, 삼등품 밀가루의 붉은 면발이 지나가던 천장 아래로 이삭 국수를 집어 들던 시절이 있었다. 읍내 술도가에서 받아오던 양은주전자 속 막걸리의 텁텁한 냄새. 아랫목 콩나물시루에서 물 떨어지던 소리. 약식 고두밥을 한 움큼 집어먹던 찐더운 서리 맛. 정짓간 시렁 위에 차곡히 쌓여 있던 보시기들…….

참고, 기다리고, 눈감고, 듣고, 생각하고.

열 식구 끼니 걱정인 이웃 저녁상에 눈치 없이 끼어들어도 상호 새엄마는 선뜻 숟가락을 내어놓았다. 읍내 참외밭 주인은 작은 참외를 줄기째 두렁에 옮겨 놓아 동네 아이들은 여름 내내 입이 쓰도록 참외를 깨물고 다녔다. 도시 방적공장에 취직한 상철이 누나는 박봉을 꼬박 모아 동생 등록금을 보내오고, 동네 잔칫날 명자 아버지는 버꾸춤으로 마을 사람들 흥을 돋우었다.

놔두고, 입 다물고, 믿고, 내어 주고, 지나가고.

어머니 장 마중을 가던 어느 날, 어린 내가 눈 반짝이며 물었다.

"어머니가 왜 좋았어요?"

한동안 먼 산만 올려보던 아버지가 가만히 입을 열었다.

"그냥 좋더라."

계속 가거라

우스꽝스러운 비옷을 입고 등교하는 아이가 있었다.

초등학교 시절, 아이는 우산을 쓰고 학교에 가 본 기억이 없다. 한 시간 벌판길을 걸어 다닌 통학 길이었으나 장마철에도 우산을 들지 못했다.

우산이 흔치 않은 시절 탓도 있지만, 튼실하지 못한 우산이 작은 아이의 손에 견디기 어려운 까닭이 더 컸다. 집에 우산이 전혀 없는 것도 아니었다. 녹물이 든 검정 나일론우산과 대나무 마디가 잡히던 푸른 비닐우산도 기억한다.

하지만 그 우산들은 아버지의 중절모자를 받쳐주거나 어머니의 양단 한복을 감싸주는 역할을 할 뿐 아이의 손에까지 건너오진 않았다.

아버지는 요소비료 포대로 우의를 만들어 주었다. 직사각형의 포대 자루 위에 단을 만들고 검정 고무줄을 끼워 마치 비닐 도롱이를 연상시켰다. 비가 오는 날이면 아버지표 자루 우의를 입고 비닐 모자를 푹 눌러써야만 했다. 그리고 너부죽이 고개를 숙이고 내키지 않는 걸음을 옮겼다.

아이는 몇 걸음 딛다가 뒤돌아보고 또 뒤를 돌아보고 반복하였다. 아버지는 연신 손사래를 쳤다. 아이의 뒷모습이 보이지 않을 때까지 아버지는 묵묵히 서 있었다. 그 모습은 하나의 준엄한 목소리였다.

"계속 가거라."

뼈째 삼켜라

노릇한 갈치구이가 입맛을 돋운다. 도톰한 갈치 살을 발라 갓 지은 흰밥에 얹어 먹으면 산해진미도 부럽지 않다.

어릴 때 나는 갈치를 먹지 못했다. 더 정확히 말해서 갈치 맛을 몰랐다. 어머니의 시장 망태기에 갯내음이 풍기는 날은 손님이 온다는 징조였다. 들판 시골집의 빈객에게 갈치구이는 최고의 대접이었다. 아궁이 잔불에서 노릇하게 익어가는 냄새는 나를 들뜨게 만들었다. 그러나 구워진 갈치는 손님상에만 올랐다.

5촌 아재가 온 날도 아재 밥상에 기름기가 반지르르한 갈치 한 토막이 놓여 있었다. 군침을 참지 못한 나는 연신 흘끔거렸고, 아재는 절반을 뚝 잘라 내 밥그릇에 올려주었다.

아재를 배웅하고 온 아버지가 어머니에게 다시 갈치 한 토막을 구우라는 주문을 했다. 그때의 기대감이라니. 아버지는 직접 갈치구이 먹는 법을 가르쳤다. 잔뼈까지 꼭꼭 씹어 삼켜야 아까운 살을 버리지 않는다며 시범을 보이셨다. 뼈째 먹지 않으려면 그만둬야 한다는 엄포가 서운했다. 나는 뼈를 자디잘게 가루가 되도록 씹고 또 씹었지만, 매번 목으로 넘어가는 것은 고인 침이었다. 결국, 생선 먹는 것을 포기하고 말았다.

뼈째 삼키는 것. 그것은 갈치에만 해당하는 말이 아니다. 밥그릇의 한 톨 밥알도 남기지 않는 세심, 두꺼운 고전을 끝까지 읽어 내는 끈기, 마라톤을 완주하는 집념. 무슨 일이든 온 힘을 다해 야무지게 하라는 말임을 이제야 깨닫는다.

"뼈째 삼켜라."

요강

궁둥이를 빼고 앉았다. 앞다리를 세운 새끼 호랑이가 한쪽으로 얼굴을 비틀고 빤히 쳐다본다. 등짝에 손잡이까지 달고서 커다란 입을 벌린 채 하품이라도 뿜는 시늉이다. 익살스럽지만 경박하지 않다. 소박하나 누추하지 아니하고 화려하지만 사치스럽지도 않다. 왕궁터에 몸을 묻었으니 분명 귀하신 분을 모셨으리라. 아무리 지체 높은 귀족이라도 스스로 바지춤을 내리게 하는 귀물이다. 백제 남성용 소변단지 호자虎子를 만났다.

요강에는 삶의 흔적이 묻어 있다. 이제는 주로 골동품점에 자리하고 있지만 가끔 유적지 껴묻거리 속이나 박물관 유리벽에서 옛 모습을 드러내기도 한다. 보리 찻잔을 닮은 백제 여성용 요강은 정박한 조각배처럼 여유롭고, 조선 여인의 부장품인 명기요강은 간장 종지마냥 앙증맞다. 한국 가정에서 사용하던 요강은 펑퍼짐한 몸통에 청화백자 산수화를 흉내내거나 모란 당초 문양을 그려내어 운치를 높였다. 서양에서도 고대 유적지에서 항아리 변기나 이동식 접시가 발견되는 것을 보면 가장 인간적인 삶의 도구가 요강이라고 여겨진다.

이름으로도 사물의 격을 가늠한다. 오줌그릇이나 오줌단지가 흔히 상용되었다면, 요항溺缸, 요분溺盆, 설기褻器, 수병溲甁 같은 애칭과 함께 밤출입이 어려울 때 쓰는 요긴한 항아리란 뜻의 야호夜壺라는 점잖은 별칭도 부여했다. 하물며 어린아이의 작은 오줌통까지 재치 있게 알요강이라 불렀을까. 로마인들은 질그릇을 밀어 넣는 의자 변기를 '틈새 의자'라 했고, 고대 그리스인들의 요강은 '들고 나르는 꽃병'이라고 표현했다. 비천한 물건에 해학과 여유가 풍기는 이름을 붙였다.

신분에 따라 쓰임새도 달랐다. 서민들은 옹기나 사기그릇을 사용했으나, 양반집에서는 백자, 청자는 물론 놋요강, 백동요강과 나무요강까지 고급 재료로 멋을 부렸다. 안동의 대갓집에는 종부가 사용하던 종이요강도 남아 있고, 왕족 여인이 나들이 때 대동했다는 비단요강 기록도 전해온다. 조선시대 임금은 매화틀 속에 그릇을 놓고 일을 해결했다. 그때마다 주상의 매화그릇을 챙기는 '복이나인'이라는 궁녀가 대기하였으며, 대감집에는 '요강담사리'라는 전담머슴을 두었다. 덕분에 지체 높은 분의 엉덩이를 가까이할 수 있는 변기 담당관이 탐나는 자리가 되지 않았을까. 그러한 요강들도 속곳을 내리는 주인을 향해 "내가 본 것의 비밀을 지켜드릴게요"라며 눈을 찡긋거렸을 테다.

가장 호사를 누릴 때는 신행 가마 속이 아닌가 싶다. 요강이 빠지면 반쪽 혼수라 꼬집던 시절도 있었다. 신행길 가마 속에 새색시만큼이나 얌전히 놓인 것도 요강이었다. 친정어머니는 가마요강 속에 짚이나 목화솜을 앉혀 골칫거리 해결을 도왔다. 가마꾼들이 눈치라도 채면 평생 오줌각시나 요강댁으로 불릴 수도 있으니까.

요강만큼 많은 이야기를 머금은 물건이 있을까. 부부싸움의 병기로 내팽개쳐지던 설움도 당했으나 집 한 채를 태운 화마 속에서 버텨낸 용기도 갖추었고, 이사할 때 솥단지에 앉혀 사람보다 먼저 집에 들일만큼 귀한 대접도 받았다. 언젠가 요강 전시회라는 재미있는 구경거리를 본 적이 있다. 방짜요강이 제 구실을 잃자 녹여서 밥주발을 만들었다는 일화도 있었고, 검찰총장을 키워낸 기특한 요강도 눈길을 잡았다. 서양도 예외가 아니라서 나폴레옹은 바닥에 그의 이니셜 'N'을 새긴 순금요강을 사용했고, 루이 14세는 요강에 앉아 서슴없이 손님과 대화를 이어갔다는 기록까지 있다.

유년시절 나 또한 요강과 함께 하루를 시작했다. 우리 집에는 파란 목단이 그려진 사기요강이 있었는데 나중에 민무늬 초록 요강도 하나 더 들여왔다. 어머니는 아침마다 요강단지를 거름밭에 비우고 반지르르 닦아놓았다. 요강도 염치가 있는지 낮에는 대들보 뒤에 숨어서 딴청 피우듯 조용했다. 당시 내 손이 트면 아버지는 요강에 손을 넣어 오줌물로 씻겼는데, 그때마다 기겁하며 줄행랑을 치고 달아났다. 하지만 해거름의 요강은 언제나 반갑다. 방안에 요강을 들여오면 긴 하루가 끝이 난다. 요강 자리에 눈도장을 찍고 이불을 목까지 끌어 덮으면, 도채비가 나온다는 변소에 가지 않아도 되는 든든한 밤이 이어졌다.

골동품 값이 천정부지로 올라가는 시대다. 덩달아 요강 값도 만만치 않다. 일본군의 쇠붙이 수집령 때 쇠요강이 수탈당했던 오욕을 지녔지만, 요즘 요강은 방의 어떤 기물과도 잘 어울리는 소품으로 격상되었다. 거실의 화병으로 앉았거나 문갑 위 백자 도자기와 키재기를 할 만큼 떳떳해졌다. 외국 관광객들이 뚜껑 있는 놋쇠요강을 사탕통으로 사 간다니 물건도 시대에 따라 신분상승을 하는 모양이다.

이제는 집 안에 요강이 자취를 감추었다. 잠결에 듣는 가족의 오줌발 소리가 사라졌고 오줌단지를 발로 차는 참사도 일어나지 않는다. 부여박물관의 저 호자虎子 역시 얼마나 많은 세월 동안 인간의 찌꺼기를 포용했을까. 오줌을 받았으니 요강이지 꿀을 담았으면 꿀단지가 되었을 터. 안에서 밖으로 새어나가는 것이 어디 지린 오줌뿐이랴. 입으로 쏟아내는 말의 오물들은 어디에 담아내야 할는지…….

바람의 현絃

나무가 허물을 벗는다. 조락의 계절을 못 이긴 둥치가 연어 비늘 같은 껍질을 떨어뜨리며 민둥한 속살을 드러낸다. 잎은 푸른데 잔설을 휘감은 흰 몸피가 주위의 오죽과 대비되면서 눈을 시리게 한다. 덩달아 술대를 스치는 바람이 잔가지를 파르르 흔들면서 음색 고운 거문고 소리를 낸다.

지금 내가 우러러보고 나무가 나를 내려다보는 곳은 밀양의 호젓한 남천강변이다. 밀양역에서 한 시간 남짓 에돌아 월연정의 백송을 찾아온 길이다. 첫눈에도 처연한 백송은 세월을 죽이며 누구를 애타게 그리워한 듯 허리가 굽어 있다. 연약한 몸짓은 금방이라도 강물에 몸을 던지려는 듯 위태롭기만 하다. 청령포의 관음송과 예산의 추사 고택에 있는 백송이 반반한 평지에 당당하게 버티고 있다면 월연정 백송은 가파른 석벽에 몸을 간신히 붙인 채 바람을 맞는 형국이다. 강바람은 오죽 차가운가. 그 숨겨진 세월은 얕은 눈어림으로는 가히 짐작할 수 없는 일이다.

흰색에는 고고함이 배어 있다. 백록이 그러하고 백학도 마찬가지다. 백송은 어릴 때 푸른 껍질을 가지지만 수령이 더해지면 하얀 몸피를 지닌다고 한다. 기품 있는 흰머리를 얹은 사람과 마찬가지다. 세월의 덧옷을 입은 성스러운 백발 줄기에서 무명옷으로 수절하는 가녀린 여인의 자태가 떠올려진다. 푸른 솔에 열사의 절개가 깃들어 있고 군자의 덕이 묻어난다면 흰 소나무에는 여인의 향기가 숨어 있겠다 싶다. 나무가 세월따라 모습을 달리하는 것은 어쩌면 나름의 아픔을 삭이기 때문이라고 여겨진다.

나무도 인연을 만든다. 사람과 사람 사이뿐만 아니라 나무와 사람 사이에도 애틋한 애정으로 맺어진 연緣이 생겨난다. 관음송에 귀 기울이면 단종의 애련이 오백 년을 거슬러 들려오고, 추사백송에 다가서면 김정희 선생의 묵향을 맡을 수 있게 된다. 이곳 월연정 백송은 누구와의 인연을 잊지 못해 잔가지를 흔들어 애잔한 바람소리를 내고 있을까.

백송의 가지 끝이 월연정 팔작지붕을 향하고 있다. 부연 끝이 하늘을 향해 휘어졌고 솟을각이 아직도 꼿꼿하지만 빛바랜 기와지붕과 퇴락한 정자의 툇마루는 늦가을 마른 잎처럼 허하게만 보인다. 회칠이 벗겨진 대들보에는 길손의 손자국이 남아

그나마 매끈한 빛을 낸다. 이끼 낀 돌담 밖에는 동체 굵은 은행나무 한 그루가 옛 시절의 영화를 말해 준다. 그 당당한 정자의 모퉁이에 숨어 있는 백송은 몰락한 가문을 지켜 온 마지막 정절녀랄까. 텅 빈 정자를 지키는 몸새가 차라리 서릿발이다.

나무는 바람의 현이라는 생각이 든다. 봄 살 속으로 파고드는 소소리 바람은 매향을 실어 오고, 첫가을의 골짜기를 따라 이는 서늘바람에는 산구절초 흔들리는 서러움이 담겨있다. 그렇다면 백송은 바람무덤 속에 서 있는 여윈 미라라 하겠다. 바람무덤 속에서 백골송白骨松으로 지금껏 버티는 이유는 그리움을 사리마냥 보듬고 있어서다.

백골송을 닮은 남자를 본 적이 있다. 계룡산 자락에 있는 자연사 박물관에 갔을 때, 눈에 뜨인 것은 물기 하나 없는 배배 마른 몸으로 육백 년 세월에도 견디며 꼿꼿한 기개로 버텨온 미라였다. 유럽의 미라와 사뭇 달랐다. 고대 이집트 미라가 뇌를 들어내어 생각을 멈춘 채 서느런 몸짓으로 누워 있다면 자연사 박물관에 안치된 천연 미라는 긴 꿈을 꾸고 있는 듯했다.

장작개비 남자가 빈 가슴을 안고 누워 있었다. 학봉 장군으로 명명된 그는 장기가 모두 내려앉아 가슴 부분이 텅 비어 있다고 한다. 수천 병사를 지휘하는 장군으로 냉철한 판단이 필요하였기에 가벼운 감정 따위는 모두 비워 내었는지, 아니면 쇳덩이 같은 고뇌의 등짐에 짓눌려 버렸는지는 알 수 없다. 장군인들 어찌 감정이 없을까. 닿지 못한 인연에 대한 그리움으로 심장이 삭아 버렸을 수도 있겠다. 위장에서 송홧가루의 흔적이 발견되었다니 애절한 그리움이 송홧가루로 남아 육백 년 동안 함께 버틴 것이 아닐까.

잔월이 월연정 돌담 사이로 떠오른다. 달빛이 머무는 연못가에 지어 월연정이라 불리는가 보다. 백송의 야윈 가지가 바람에 흔들리면서 그믐 여린 달이 가지 위에 흰 꽃으로 얹힌다. 은어빛 가지에서 달꽃 터지는 소리가 난다. 골바람이 좀 더 세게 분다면 굽이쳐 흐르는 수면 위에는 꽃 그림자가 가득할 것만 같다. 그러면 솔은 더욱 바람을 반길 것이니 백골송白骨松이 아니라 백화송百花松이라 부를 만하다.

백화송 가지에 찰나의 순간 동안 바람이 얹힌다. 가만히 지켜보면 가지는 우는 것이 아니라 전율로 몸을 떤다. 연주자가 거문고의 현을 켜듯 바람이 가지를 켜는 것이다. 지난여름 내내 붉은 이야기를 피워 올리던 배롱나무도 백송 곁으로 다가선다. 여린 듯 강인한 백송의 몸피를 닮으려는 몸짓이다. 그 모습에 감전이 된 나도 미더운 사람 같은 나무에게 바싹 다가선다. 백화송을 스쳐 흐르던 바람이 가슴 안으로 흐른다. 내 몸도 현이 되어 소리없이 떨린다.

가끔은 백화송 곁에서 꿈꾸는 미라가 되고 싶다.

여

* 프롤로그 - 서정주님의 〈무등無等을 보며〉를 읽으며 내 '바다의 무등無等'을 생각하다.

빈처貧妻: 어.머.니.

나보다 더 오랜 잠에서 잠시 깨어나 보셔요. 오늘처럼 잔월이 뒤늦게 핀 꽃을 비추는 밤이면 으레 그날이 생각나곤 합니다. 기억하시는지요. 아득한 옛일이지만 잊을 수 없는 운명의 순간이었지요. 그 사람의 전갈을 받고 담담하게 옷매무시를 가다듬었으나 쉴 새 없이 요동쳐 내리는 가슴을 진정하느라 진땀을 흘렸지요.

빈처의 母: (???)

빈처貧妻: 그는 높고 귀한 주인집 양반이라 소작인의 딸은 눈길조차 마주치기 어려웠어요. 신분뿐만 아니라 열두 살이라는 나이 차이도 간극이 컸었지요. 나를 데리러 온 늙은 행랑아범은 남포등을 정성스레 비춰주며 말이 없었지요. 낮은 흙담 아래서 얼마간의 돈을 몰래 쥐여 주던 북두갈고리 같은 어머니 손을 잡은 것도 마지막 날이 될 줄 예감하지 못했어요.

빈처의 母: (……)

빈처貧妻: 운명은 시작되었어요. 문중 어른들의 눈을 피해 고향을 떠나올 수밖에 없었지요. 재산과 명예를 마다하고 고난의 길을 선택한 사람의 심정이 얼마나 힘든 일인지 가히 짐작할 수 없었어요. 그날은 참으로 먼 길을 걸었어요. 흙밥을 드러낸 겨울 강을 보면서 다가올 계절에는 인연을 풀어내는 봄물 소리를 들으면 좋겠다는 생각을 했지요.

빈처의 母: (∞)

빈처貧妻: 돌이켜보니 마치 모서리가 낡은 오래된 시집을 들여다보듯 눈시울이 침침해져 옵니다. 서정주 시인이 무등의 능선을 보며 가난을 이겨내듯 우리는 서로에게 버팀목이 되어 혹풍을 견뎌야만 했지요.

가난이야 한낱 남루襤褸에 지내지 않는다/ 저 눈부신 햇빛 속에 갈매 빛의 등성이를 드러내고 서 있는/ 여름 산 같은/ 우리들의 타고난 살결 타고난 마음씨까지야 다 가릴 수 있으랴/ 청산이 그 무릎 아래 지란芝蘭을 기르듯/ 우리는 우리 새끼들을 기를 수밖엔 없다

빈처貧妻: 시골 외딴곳에 집을 지었어요. 울타리 대신 심은 무화과나무의 자주색 은화과가 늦가을까지 짙은 향을 뿜어내었지요. 사방은 넉넉한 들판으로 둘러싸였고 지천으로 피어대던 봄꽃 색이 옅어지면 여름날 개울물 소리는 밤새 이어졌어요. 전기도 흐르지 않는 외진 땅에서 넉넉지 않은 세간에 몸은 고달팠지만 자연과 함께 한 생활은 꿈같은 신기루였지요.

빈처의 母: (!!!)

빈처貧妻: 시간이 지날수록 우리의 삶도 한고비를 넘겨 서서히 온기가 흐르기 시작했지요. 삶의 불땀을 고르는 동안 겨울 강은 다시 봄기운에 녹았고 어미 제비가 알을 품는 계절에 첫아이가 태어났어요. 곧 이어 그 아이의 동생도 생겼고 외딴집은 새소리와 아이들 웃음이 어우러져 활기가 돌고 날마다 내어 뿜는 굴뚝 연기는 넉넉한 생의 품을 만들었지요.

빈처의 母: (*^^*)

빈처貧妻: 그런데 둘째아이가 초등학교에 입학할 무렵 아이들의 아버지가 갑작스레 뇌졸중으로 쓰러졌어요. 그때 어.머.니.어.머.니. 하고 마음으로 수없이 불러보았지만 당신의 야윈 가슴이 부각처럼 부서져 내릴까 봐 차마 알릴 수 없었어요. 난생처음으로 새벽 재첩 장사를 시작했지요. 낮에는 삯바느질과 품팔이 등 몸을 사리지 않고 일을 했어요. 그이는 십 년을 병석에 누웠고 어린 딸은 부엌살림과 아비의 병간호를 도맡았어요. 이발과 면도를 멋들어지게 하는 아들도 있었지요.

빈처의 母: (~.~)

빈처貧妻: 그 사람은 떨리는 손으로 저와 아이들에게 붓글씨와 주판 다루는 법을 가르쳐 주었지요. 그러는 동안 제 아이들은 공손한 학동이 되었고, 책력과 만세력 짚는 법 등 세상과 동떨어진 학습법에도 불평하지 않았어요. 아이들은 십릿길을 걸어 읍내 학교에 다니고 호롱불 아래서 책을 보았지요. 사시절 재첩 삶는 비리한 냄새를 맡으며 가난을 가난인 줄 모른 채 아린 세월을 삼켰어요.

빈처의 母: (-.-;;)

빈처貧妻: 그렇게 우리 부부는 이십 년 동안 함께 살았고 결국 그가 먼저 세상을 떠났지요. 그 후의 삶은 꺼져 가는 불빛 같았어요. 시인의 말처럼 목숨이 가다 가다 농울쳐 휘여들면 차라리 지아비 곁에 눕겠노라 다짐했어요.

지어미는 지애비를 물끄럼히 우러러보고/ 지애비는 지어미의 이마라도 짚어라/ 어느 가시덤풀 쑥굴헝에 뇌일지라도/ 우리는 늘 옥돌같이 호젓이 무쳤다고 생각할 일이요/ 청태靑苔라도 자욱이 끼일 일인 것이다.

빈처貧妻: 청년 시절 동경 유학길에도 올랐던 그는 생전에 혼자 호사를 누려본 일로 제게 늘 미안해하였어요. 이승에서 고생시킨 죄 저승에서 갚겠노라 수없이 되뇌더니 결국 서너 개월의 시차를 두고 채 삭지 않은 손으로 제 손목을 이끌어 이곳까지 데려왔지요.

빈처의 母: (ㅠ.ㅠ)

빈처貧妻: 우리가 연이어 자식들 곁에서 떠난 지 삼십 년이 가까워지고, 어미를 잃고 일주일간 통곡하던 어린 오누이는 이제 중년이 되었어요. 그들은 다시 제 새끼들을 낳아 기르고, 가끔 흐르는 구름을 쳐다보며 그 옛날 남루 같은 가난을 걸치고 있던 외딴집 흔적을 찾곤 한다더군요.

빈처의 母: (^.^)

빈처貧妻: 어.머.니.

내게 운명은 육신과 영혼이 도저히 거부할 수 없는 끈이고, 인연은 벽 너머로 강 너머로 시간 너머로 묵묵히 함께 흘러가는 것이라고 여겨집니다. 죽어 누울 땅 한 평 갖지 못하고 재는 바다 기슭에 뿌려졌으나 우리는 지금 물속에 잠겨 꿈쩍 않는 바위무덤으로 온온히 누웠다고 생각합니다. 간혹 썰물이 지는 날이면 이 바다의 무등까지 달그림자가 얹히기도 하겠지요.

빈처의 母: (∴)

빈처貧妻: 어.머.니.

오늘, 당신이 한번도 본 적 없는 제 딸의 손[筆]을 빌려 그동안 붇어둔 마음을 조금이나마 풀어놓으려 합니다. 지금은 백토가 되었을 당신에게 뒤늦은 사죄를 올리니 이제 아픔의 그늘 거두어 편히 잠드셔요.

빈처의 母: (Zzz...)

* 에필로그 - 물속에 잠겨 있다가 썰물 때만 물 위에 나타나

는 바위를 '여'라고 하듯, 나에게 '여'는 마음이 침잠할 때 드러나 나를 일으켜 주는 어린 시절 외딴집의 기억이다. 나는 매일 아침마다 나의 '여'를 찾아 바다의 무등이 숨은 해안 비탈길을 걷는다.

뽕짝 인생

요즈음 뽕짝에 취해 산다. 신곡 악보는 물론이거니와 주말 텔레비전 프로그램에 나오는 트로트 가수의 히트곡까지 줄줄이 꿰어내려고 한다. 자동차에도 그동안 듣던 영어 테이프를 트렁크에 밀어 넣고 뽕짝 테이프로 전면 교체했다. 그러다 보니 삶이 뽕짝이 되고 뽕짝 가사가 내 삶의 언저리가 되어 버렸다.

얼마 전까지만 하더라도 뽕짝은 신파적이고 진부하여 함량 미달의 음악성을 가졌다고 스스로 단정했다. 가수들의 율동과 관중의 반응도 촌스러워서 때때로 눈살을 찌푸렸다. 거나하게 취한 중년 남자들이 술판에서 비틀어대는 노래, 아줌마들이 관광버스에서 몸 흔들며 소리쳐야 제격인 노래라고 여겨왔다. 그저 나에게는 직설적인 가사와 단조로운 멜로디의 대명사였다. 그렇다고 딱히 잘 부르는 뽕짝 한 곡도 없으면서 배워볼 요량 한번 내어보지 않았다. 굳이 시간까지 투자하면서 뽕짝 나부랭이를 배우는 것은 퉁스러운 일이라며 허세를 부렸다.

그러다가 일이 터졌다. 연말이 되면 몇 군데 송년회를 부득불 가게 되는 데 지난 연말에는 아주 특별한 모임이 있었다. 베트남에서 이십여 년간 생활하던 고향 선배의 귀국 환영회였다. 그 선배는 모 영화배우를 연상케 하는 외모에 유머와 위트는 물론, 민요와 트로트를 넘나드는 노래 솜씨까지 거칠 것이 없었다. 초등학생 때 통기타를 치며 '홍콩 아가씨'를 간드러지게 불렀던 사건은 지금도 모임 때마다 회자하곤 한다. 사춘기 시절에는 뭇 여학생들의 흠모 대상이 되곤 했는데 그 속에 나도 끼어 있었음은 굳이 고백하지 않아도 알 만한 친구들은 다 아는 사실이다.

재회의 장소에서 뒤풀이는 빠질 수 없는 법. 문제는 노래방에서 시작되었다. 외국 생활을 오래 한 선배는 뽕짝을 무척 선호했다. 뽕짝에는 고향 냄새가 난다고 했다. 어머니의 목소리도 담겨 있고 애틋한 첫사랑과의 추억도 묻어 있으니 뽕짝이야말로 향수를 달래주는 명약이라고 추켜세웠다. 모두 저만의 18번을 찾기에 여념이 없었다. 내가 우물쭈물하던 사이에 평소 '찜'해 놓았던 뽕짝 두어 곡이 어느새 선창되고 말았다. 낭패감으로 닭 쫓던 개의 상을 하고 노래책을 뚫어지라 쳐다봐도 나를 구제해줄 곡은 쉽게 튀어나오지 않았다. 마지못해 친구들이 추천한 곡을 애써 불러보았으나 반응은 시큰둥했다. 그날 나를 비켜가는 선배의 눈빛이 섭섭하여 지난 연말은 오래도록 우울했다.

누구나 새해 계획은 화려하다. 신년 계획이라는 것이 시작은 야단스러우나 끝은 대부분 쭉정이로 전락하기 일쑤이다. 올해는 시월지계十月之計가 십년지계十年之計까지 이어질 수 있도록 단단히 마음을 먹었다. 몇 가지 작심한 목록을 냉장고 문에 크게 붙여놓고 수시로 마음을 다지는데, 그중 하나가 '뽕짝 30곡 배우기'다. 중년의 나이에 접어드니 신곡 발라드나 유행하는 댄스곡은 발음도 어렵고 도무지 정서에도 맞지 않다. 이왕 시작할 바에 뽕짝으로 일장월취하여 기회가 되면 도전장을 내기로 했다.

몇 개월째 뽕짝과 동거 중이다. 아예 악보 노트를 가방에 넣고 다닌다. 몰래 펼치는 악보에는 혼자만의 암호가 숨어있다. 돌체, 안단테, 칸타빌레, 스타카토 등의 음악전문용어와는 거리가 멀다. 찍기, 뿌리기, 던지기, 내려앉기, 말아 올리기 외에도 확 끌어안기, 빠질 듯 말 듯 물수제비뜨듯이 등 나만이 아는 댓글이 빼곡하다. 모래 위의 새 발자국처럼 찍힌 부호들은 나름대로 내 노랫길을 도운다.

노래교실에도 몇 번 나가 보았다. 일백 명이 넘는 아줌마 부대가 일사불란하게 목소리를 꺾고 멈추고 휘감으며 뽕짝 물결을 만들고 있었다. 잔물결처럼 음색이 고였다가 때로는 폭우를 쏟아내듯 토해내는 성량이 교실을 흔들어 댔다. 하나같이 "나 행복해 죽겠소."라는 넉넉한 표정을 짓고 있었다.

희한한 일은 그게 아니다. 뽕짝이 입에만 덜컥 붙은 게 아니라 마음자락까지 헤집고 들어와 떡하니 자리 펴고 앉은 것이다. '종이배'를 부를 때 '당신이 길이라면 내가 가야 할 길이라면 내 모든 걸 다 버리고 방랑자가 되오리다'라는 가사의 절절함에 목이 메었고, '여자는 왜'에서 '떠나는 남자는 추억이 되고 남은 여자는 왜 과거가 되나요'라고 호소할 때는 그 대목에 반하여 꼴깍 잠길 뻔했다. '떠날 수 없는 당신'은 또 어떤가. '나를 너무 모르시는 당신이여'하고 외치는 첫 구절부터 가슴을 쓸어내렸고 김수희의 '화등花燈'은 제목부터 발목을 잡더니 '사랑의 이불자락을 소롯이 덮어주고'라는 시적 묘사에 그저 주저앉을 뻔했다.

뽕짝 속에 등장하는 '당신'도 여러 가지다. '넝쿨째 굴러온 당신'을 비롯하여 '내 안에 콕 박힌 그대'도 있고 '내 마음의 연인', '초면에 정든 사람'도 있다. 그러한 '당신'은 '칼피스 향'처럼 신선해서 '이 세상에 그 무엇도 쨉'이 안 된다. 야속한 '당신'에게는 '사랑한다고 왜 말을 못해요' 따지기도 하고 '하필이면 왜 내가 너를'이라 응수하며 '가라 가라 가라지' 소리치고 고개를 홱 돌릴 수도 있다. 때로는 '울지 마라, 약한 남자여' 위로라며 '한 잔 술에 데낄라' 잔을 들고 '인생살이가 고추보다 맵다 매워'라며 잠시 긴장을 놓아도 된다. 노래 한 곡마다 '당신'을 취하기도 버리기도 하니 뽕짝 인생은 눈치 볼 사람 없어 속이다 시원하다.

나에게도 노래 부를 기회를 준다면 못이긴 척 그동안 닦은 실력을 한번 발휘해볼 텐데 막상 그런 기회는 좀처럼 오지 않는다. 하지만, 가슴 한자락 팍 무너질 일 있어도 이제 뽕짝 노래에 마음 기댈 수 있으니 감사천만한 일이다.

장윤정의 '첫사랑'이 흐른다. 차 안이 쾅쾅 울리도록 볼륨을 높여본다.

두터운 봉투

봉투에서 마가린 냄새가 난다. 곳곳에 기름으로 얼룩진 손자국이 남아서 다른 봉투와 섞여 있어도 단번에 눈에 뜨인다. 언제나 그렇듯이 쉽게 그 돈을 가방에 넣을 수가 없어 몇 번이나 만지작거리고 있다. 벌써 구 년째, 달마다 이 돈을 제날짜에 꼭꼭 받아왔다.

봉투를 받을 때도 남다르다. 어떤 때는 어머니가 굽은 허리를 숙이며 두 손으로 직접 전해주거나, 때로는 대건이가 서랍장 맨 아래 칸에서 꺼내주기도 한다. 그때마다 나는 고개를 낮추어 돈을 받는데 눈을 잘 마주칠 수 없다. 이내 헛기침을 하거나 책장을 재빨리 넘기며 그 어색한 분위기를 모면한다.

대건이는 일주일에 한 번씩 내게 논술 수업을 받는 학생이다. 내가 방문하여 가르치는 학생들 집은 넓은 주택이거나 고급 아파트가 대부분이어서 그들의 집을 들어설 때면 항상 조심스럽다. 엉뚱하게도 수업 내용보다는 벗어놓은 신발이나 입은 옷이 신경 쓰일 때가 많다. 하지만 대건이 집에 갈 때만큼은 뒤축이 낡은 구두나 오래되어 보풀이 진 스웨터를 입어도 마음이 그지없이 편안하다.

대건이 부모님은 시장 앞 육교 근처에서 호떡 장사를 한다. 새벽 네 시 반에 일어나서 밀가루를 채로 치고 반죽하여 온종일 식용유와 마가린을 손에 묻혀가며 호떡을 굽는다. 이십 년째 같은 곳에서 같은 일을 한다. 언젠가 그곳을 우연히 지난 적이 있는데 어머니가 나를 발견하고 친자매 대하듯 반기면서 리어카 앞으로 손목을 끌었다. 그리고는 기다리던 손님들을 제쳐 둔 채 크고 두툼한 호떡을 나한테 먼저 구워주었다. 고소한 내음과 함께 윤기나던 호떡이지만 나는 목이 탁탁 막혀와서 그것을 잘 넘기기 못했다.

그들이 사는 곳은 부산항에서 가까운 변두리 철거민촌이다. 비뚜름한 집들이 낮은 키로 빽빽하게 들어선 그곳에서는 마당 있는 집들을 찾아보기 어렵다. 집터도 낮아 비가 퍼붓는 날에는 바지를 걷어올린 채 골목길을 까치발로 엉거주춤 걸어야 한다. 얼마 후면 철길 옆에 대형 아파트 단지가 들어서느라 이 빈민촌은 곧 헐릴 예정이라고 한다. 기울고 금이 간 벽에 붉은 페인트로 군데군데 철거 표시까지 해 두어서 보기만 해도 흉물스럽다. 그러나 볕이 따스한 계절에는 처마 밑에 둥지를 튼 제비 소리와 흙담 아래 분꽃이 핀 시골 고향집을 떠올려주는 곳이기도 하다.

서너 평 정도의 방 한 개에 화장실이 딸린 좁은 마루가 그들 세 식구의 유일한 쉼터다. 마루 끝에는 싱크대가 넘어질 듯 아슬아슬하게 들어섰으며 반드럽게 닦인 양은냄비가 햇살을 되쏘기도 한다. 이 작은 집에서 대건이는 부모님 리어카 소리를 듣고, 환갑이 가까워진 부모는 늦둥이 외아들의 글 읽는 소리를 들으며 고단한 삶을 이겨낸다.

저녁 수업 중에는 손수레 행렬 소리를 듣게 된다. 노점상 일을 마친 달동네 사람들이 짐을 거두어 싣고 올라오는 울림이다. 대건이는 수업에 열중하다가도 부모님의 손수레 바퀴가 구르면 희한하게도 알아맞힌다.

"우리 리어카예요."

대건이 말 속에는 반가움과 안도의 힘이 담겨 있다. 그 순간 나는 재첩 장사를 마치고 빈 양철 동이를 이고 오던 오래전 내 어머니의 잰 발걸음 소리를 듣는 환청을 느낀다.

이곳에 있으면 시간이 거꾸로 흐른다. 한번은 수업 중에 천장 위로 쥐들이 후두두 지나가는 소리를 들었다. 대건이는 화들짝 놀라며 옳게 쓴 글을 자꾸 지웠다가 고쳐 쓰고 있었다. 그날 나는 내 어릴 적에 호롱불을 켜던 이야기며, 십릿길을 걸어 다닌 학창 시절 이야기를 물려주느라 예정된 수업 진도를 다 나가지 못하고 말았다. 특히 시골집 천장을 뚫고 쥐 한 마리

툭 떨어져 혼비백산하였노라는 대목에서는 대건이의 웃음이 함석 패널 지붕을 넘었다.

대건이 어머니는 내게 부탁하는 논술 수업 이외에도 영어와 수학 수업을 별도로 시킨다. 노점상의 수입으로는 과하다 싶을 정도인데 최소한의 생활비 외에는 모두 아이의 교육비로 지출된다. 많은 어머니가 경쟁과 출세에 비중을 두고 과외를 시킨다면 대건이 어머니는 자식의 독립심을 위한 절박함으로 교육에 매달린다. 늙고, 가진 것 없고, 나이를 예측할 수 없는 부모가 오직 물려줄 유산이라고는 교육밖에 없다고 믿는 것이다. 가난한 어머니가 남기는 그 위대한 유산에 매번 고개가 숙여진다.

나는 가끔 대건이와 눈맞추기를 즐기는데 순박한 눈에는 깊은 소리가 담겨 있다. 가슴에서부터 눈빛으로 길어 올리는 리어카 소리다. 부모의 마음을 읽을 줄 아는 눈은 봄꽃처럼 맑고 부드러우며 겨울 강의 얼음처럼 깊고 단단하다. 훗날 리어카를 끌던 발소리를 듣지 못하게 되는 날에도 대건이의 마음에서는 수레바퀴 소리가 멈추지 않을 게다.

오늘따라 봉투가 더 두꺼워 보인다. 은행 갈 시간을 놓쳐버린 대건이 어머니는 회비를 맞추느라 만 원짜리와 천 원짜리를 섞어 놓았을 게다. 이만큼 마련하려면 얼마나 많은 호떡을 구워야 할까. 제대로 팔리긴 했을까. 나는 쉽게 셈이 되지 않는다. 어쩌면 봉투의 두께만큼이나 자식과 선생에 대한 믿음을 가지고 있지 않을까. 그러기에 두꺼운 봉투가 아닌 두터운 봉투라 여기고 싶다.

봉투에 코를 대어본다. 마가린 내음과 함께 비릿한 재첩국 냄새가 밀려온다. 리어카 소리가 골목을 울리니 세월의 길을 내려온 재첩 양동이 소리가 마음을 누른다.

혼의 배내옷

소리가 어둠 속에서 맴돈다.

> 잘들 가시게 어서 가시게/ 살아생전 나쁜 기억 향탕수로 씻어내고/ 곱디고운 수의 입고 칠성판에 편히 누워/ 고단했던 세상살이 꿈이러니 생각하고/ 어서 가시게 좋은 대로만 가시게/죽은 사람을 염하자/ 썩은 세상을 염하자.

세 평 남짓한 소극장 무대이다. 붉게 그려진 북두칠성 병풍이 한가운데 반듯하게 세워졌고, 바닥에는 나무 관 하나가 덩그러니 놓여있다. 한켠의 탁자 위에 칠성판이 보이고 자잘한 소도구들도 널브러져 방금 염습을 끝낸 듯 보인다. 조명을 따라 고개를 돌리니 벽에 걸린 누런 삼베 수의에 눈길이 꽂힌다.

살아가는 것은 옷 갈아입기가 아닐까. 세상에 태어나면 배내옷으로 맨몸을 감싸게 되고, 부부의 연을 맺는 날이면 혼례복을 입고 통과의례를 거친다. 그러다가 죽어서 삼베 수의 한 벌 걸치고 훌훌 떠나는 것이 우리의 인생이다. 어미의 뱃속에서 내어져 배내옷 입고 세상을 만난다면 이승의 마지막 날에는 수의로써 죽음의 성장盛裝을 하게 된다.

죽음과 가장 가까운 곳에 있는 코디가 염쟁이다. '염쟁이 유씨'의 삶을 가만히 들여다본다. 아버지가 염쟁이였고, 그의 할아버지도 염쟁이였지만, 자신은 염쟁이라는 직업이 싫기만 하다. 그렇게 싫어했지만 아버지의 시신을 염하는 것으로 시작하여 평생을 죽은 사람에게 마지막 길동무 노릇을 한다. 산 사람도 하찮게 여기는 세상에서 지극한 정성으로 시체를 닦고 수의를 입히는 그의 손길에 저절로 고개가 숙여진다.

골 파인 주름 사이로 해학이 넘쳐난다. 열 개가 넘는 역을 혼자 소화하는 그는 거침없는 입담으로 광대의 끼를 발휘한다. "죽어 석 잔 술이 살아 한 잔 술만 못허다구들 허구, 어떤 이는 개똥밭에 굴러도 이승이 좋다고들 허는데, 사실 죽음이 있으니께 사는 게 귀하게 여겨지는 게여."

염쟁이의 손에 이끌려 관객 몇 사람이 무대로 올라선다. 배역 따라 기자가 되거나, 상갓집 상주 노릇을 하며, 망자의 딸이 되는 시한부 운명도 겪는다. 담배만 빼끔빼끔 피워내는 연기를 하고, 유산상속을 받고자 삿대질도 하며, 아이고 아이고 곡

소리를 연발한다. 그러면 앉아있던 관객은 구경꾼이 아니라, 문상객으로 또는 망자의 친지로서 자연스럽게 넋배웅에 끼어들게 된다. 관객들을 쥐락펴락하는 그의 넉살로 현실과 연극의 경계가 허물어진다.

인생은 연극이라고 말한다. 연극 같은 인생이 있는가 하면, 현실 같은 연극이 있다. 인생은 현실이고 연극은 허구지만, 진짜와 가짜가 뒤엉켜서 어떤 때는 연극 속의 인물이 더 진지하고 무대 위에서 풀어내는 삶이 더욱 절절하게 느껴지기도 한다.

"죽는다는 것은 생명이 끝나는 거지……. 인연이 끝나는 게 아닌 거 같거든……." 염쟁이의 말에 가슴이 저리다. 죽어 땅에 묻혔지만 가슴에 남아있다면 그것은 죽은 것이 아닐 게다. 마음속에서 지워졌을 때 비로소 진짜 죽음인 것이다. 죽음으로써 곁을 떠난 마음을 넋대 같이 붙들고 살아내야만 하는 고통이 얼마나 견디기 힘든 것인 줄 먼저 가버린 사람은 알기나 할까.

죽음을 떠올릴 때 삶이 더 진실해진다. "죽는 거 무서워들 말어. 잘 사는 게 더 어렵고 힘들어."라는 염쟁이 유씨의 말을 들으며 마음을 추슬러본다. 잘 사는 것은 살아있는 사람에게 정성을 다하라는 것이라고 여겨진다. 산 사람에게 흘리는 눈물이 더 값지다는 것을 유씨는 온 몸짓으로 보여준다.

그러던 어느 날 유씨는 일생의 마지막 염을 하게 된다. 노동현장에서 몸을 날린 아들을 염하는 것이다. 굳은 몸을 정성껏 주무르고 닦아내며 아주 천천히 자식의 몸에 옷을 입힌다. 주겸을 싸고 또 감싸는 아버지의 어깨가 조용히 떨려온다. 호곡을 하는 동안 관객들도 상제가 되어 숨을 고를 뿐 말이 없다. 극에 참여했던 한 관객이 망인에게 절을 올릴 때는 흐느끼는 소리가 출렁이듯 객석으로 번진다. 육신과 영혼이 결별할 때 죽음 앞에서 녹여내는 삶의 흔적이 눈물이지 싶다.

아들에게 수의를 갈아입히며 생전에 입었던 옷을 접어 관에 넣는 염쟁이 아버지의 마음은 어땠을까. 입관을 하고 나무못을 치는 아비의 가슴은 피멍으로 얼룩물이 들고 심장은 찢어지다 못해 폭삭 삭아 내렸을 게다. 하지만 아들은 오히려 평온한 죽음이라는 생각이 든다. 첫 배내옷으로 자신을 맞아주던 아버지의 손길을 생의 마지막 순간에 다시 느끼게 되기란 쉽지 않은 일이다. 아비가 여미어주는 수의를 입고서 편안히 길 떠날 수 있다면 이보다 더 행복한 작별이 어디 있을까.

태어나서 처음으로 육肉을 감싸는 것이 배내옷이다. 그렇다면 마지막 육에 입히는 수의는 혼魂의 배내옷이지 싶다. 그동안 이승에서 혼이 걸치고 있던 무거운 육신을 벗어두고 가벼운 삼베 배내옷 한 벌 갈아입고 저승의 삶을 다시 시작하는 것이다. 그러니 수의가 곧 혼의 배내옷이 아닌가.

살아가면서 입는 진정한 생生의 옷은 무엇일까. 아마 육신과 영혼도 도저히 거부할 수 없는 운명이라는 옷이 아닐까 여겨본다.

향 내음이 코를 스친다. 한번 살아봐야겠다.

홍탁미맹洪濁味盲

맵고도 알싸한 맛이 혀에 박힌다. 꽃심의 땅 전주를 떠올리면 비빔밥보다 홍탁 기억이 앞서는데 그건 순전히 문학행사 뒤풀이 때 마셨던 막걸리와의 인연 때문이다. 늦은 밤 문인들과 함께 간 전주 최고의 막걸리촌인 삼천동 골목길은 즐비한 막걸릿집 능물과 호탕한 술꾼들의 웃음소리로 불야성을 이루고 있었다.

만 원짜리 막걸리 한 주전자를 시키면 삶거나 굽거나 무치거나 혹은 날 것으로 차려내는 공짜 안주가 무려 스무 가지가 넘는다는 이 고장 문인의 자신만만한 추천에 우리 일행은 처음에 반신반의했다. 그런데 자리에 앉으니 자꾸만 차려지는 음식에 상다리가 휘어질 것만 같아 입을 다물 수가 없다. 금세 마련된 산해진미를 한 상 가득 받고 보니 귀빈이 된 듯 탄성이

절로 터진다.

싱싱한 멍게와 생굴, 소라와 백합과 꼬막, 문어와 낙지와 주꾸미, 삶은 옥수수와 찐 밤, 장어구이, 두부김치, 김치파전, 조기찌개, 양념게장, 바지락회, 키조개회, 달걀찜, 연포탕, 참게장, 간재미무침, 간간한 고등어조림, 청양고추를 띄운 시원한 콩나물국과 신선한 채소까지 눈앞에 펼쳐진 안주마다 남도 인심이 넘쳐난다.

그 중 빠지지 않는 전라도 자존심이 홍어 안주다. 비곗살이 붙은 삶은 돼지고기에 묵은 신김치까지 곁든 홍어회와 막걸리를 '홍탁삼합洪濁三合'이라 부르며 이곳 술꾼들은 최고의 안주로 여긴다. 전라도 지방에서는 잔칫날 홍어가 빠지면 제아무리 걸게 차려 놓아도 "먹 작 것 없는 잔치" 소리를 듣게 된다니 남도 사람들의 홍어에 대한 애착은 짐작되고도 남음이 있다.

그동안 서너 번 홍어 먹기를 시도한 적이 있었다. 그러나 코를 콱 쏘는 뒷맛을 이기지 못해 번번이 실패한 기억만 뚜렷할 뿐 홍어 맛에는 미맹味盲이나 다름없다. 이곳 술상에서도 '홍어 먹을 줄 아는' 사람들의 은근한 동지애를 부러워하며 심사가 편치 못하다. "팍 삭은 홍어를 어적어적 씹다 숨을 들이켜면 영혼이 흔들린다."며 기를 팍팍 죽이기도 하고, "홍탁의 맛을 아직 모른다면 세상을 헛산 것이여."라고 어깃장을 놓는 홍어 예찬에 주눅이 든다.

부챗살 같은 홍어회에 눈길이 꽂힌다. 홍어 맛은 중독성을 불러일으킨다는 충고에 홍어 한 점 꿀꺽 삼키면 나도 그들의 대열에 낄 수 있겠다는 얕은 속셈이 앞선다. 당당하게 홍어 살을 젓가락으로 집어 올렸다. 암모니아 냄새의 괴로움을 겪어보았기에 숨을 딱 멈추고 입 안에 넣었다. 한입 씹는 순간 혀는 그대로 마비 상태다. 후각과 미각은 급정지를 일으켰고 폭발할 것처럼 부풀어 오른 목은 가스에 숨이 막힐 지경이다. 잠시 후 고였던 가스가 역류하여 코로 푹 터져 나오니 몸체가 진동으로 부르르 떨려온다. 배어 있는 떫은맛을 지우려고 잽싸게 멍게 두어 점을 집어 삼켜본다. 달짝지근하고 새콤한 멍게 즙이 혀끝에 착 감기면서 해동되는 미감으로 몸이 서서히 풀어진다.

정신을 차리고 눈물을 닦는 순간 정지용 선생이 생각난다. 충북 옥천이 고향인 선생이 부산에 왔다가 처음 먹어본 멍게 맛이 조금 전 홍어 맛과 비슷하지 않았을까. 정지용 선생은 산문 〈부산 2〉에서 멍게 맛을 이렇게 적고 있다.

> 생선 파는 장사가 이름도 모르고 파는 생선이 있다. 멍기라는 것이 있다. 우멍거지라고도 하고 우름송이라고도 한다. 꼭 파인애플같이 생긴 바다의 갑충류다. 칼로 쪼기어 속살을 빼내면 역시 파인애플 과육으로 비유할 수 있다. 물기 많고 싱싱하고 이것을 길에 서서 먹고 걸어가면서 먹고 참외 깨물어 먹듯 하고들 있다.

우리는 이것을 사가지고 하꼬방으로 들어가 초간장에 찍어 막걸리와 함께 먹는다. 나는 한 점 이외에 도리가 없다. 청계(정종여)는 열다섯 개를 먹는다. "답니더, 이거 참 답니더." 비리고 떫은 것이 달다면 정말 단 것을 비리다고 할 사람 아닌가! 향기는커녕 나는 종일 속이 아니꼽다.

나는 이 글이 얼마나 재미있는지 요즈음도 무시로 읽어보곤 싱긋 웃음 짓는다. 이후 멍게를 먹을 때마다 정지용 선생을 떠올리며 미간을 찡그려 소태 씹은 얼굴을 하는 버릇이 생겼는데 홍어를 집어들 때도 표정이 이지러졌으리라 생각된다.

어쨌든 홍어에게 감탄사를 늘어놓는 홍어 마니아들 틈새에 끼어들 기회를 이번에도 놓쳐버렸다. 썩어야 제 맛을 내는 홍어처럼 몸이 썩을 정도로 치열하게 살아내지 못한 자는 여전히 삶의 문외한일 수밖에 없나 보다. 인생에서도 푹푹 삭은 맛을 경험한 남도 사람들이기에 바다의 발효 식품인 홍어와 육지의 발효 음식인 김치와 막걸리를 함께 즐길 줄 아는 법. 진정한 예인은 이러한 맛을 취할 수 있으니 전주를 예향의 고장이라 부르는 이유를 이제야 짐작하겠다.

거친 세파를 견뎌 내야 비로소 알게 되는 것이 홍어의 맛이라면 나 같은 주변인이 어찌 그 맛을 알 수 있으랴. 자격 미달인 내게도 세상맛이 배어들다 보면 달곰쌉쌀하며 퀴퀴한 삶의 맛을 알 날이 언젠가 오지 않겠는가.

■ 연보

- 1964년 경남 김해 출생
- 2006년 ≪수필과비평≫지에 〈겨울 소리〉 등단
- 2007년 경성대학교대학원 국어국문학과 석사
- 2007년 현재까지 부산남구신문 기자
- 2007년 ≪오륙도문학≫ 편집장
- 2011년 젊은 수필 선정(문학나무)
- 2011년 수필집 ≪새에게는 길이 없다≫ 발간
- 2011년 제3회 천강문학상 우수상 수상
- 2011년 부산수필문인협회 올해의작품상 수상
- 2012년 부산문화재단 예술강사
- 2012년 제19회 부산문학상 우수상 수상
- 2012년 2012·2013 한국의 좋은수필 선정(서정시학)
- 2013년 월간 ≪문학도시≫ 편집장
- 2013년 오늘의 한국대표수필 100인선 선정(문학관)
- 2013년 10인수필집 ≪내 생에 가장 행복했던 순간≫
- 2013년 제2수필집 ≪하얀 낙타≫ 발간
- 2014년 한국 현대수필 75인선 선정(미리내)
- 2014년 제19회 신곡문학상 본상 수상
- 2015년 광남일보 신춘문예 문학평론 당선
- 2015년 40인 ≪평설로 읽는 대표수필≫ 선정
- 2016년 제3수필집 ≪가자미≫ 발간

김정화 수필선

장미, 타다

초판인쇄 | 2016년 9월 12일
초판발행 | 2016년 9월 26일

지은이 | 김 정 화
펴낸이 | 서 정 환
펴낸곳 | 수필과비평사 · 좋은수필사

주　소 | 서울시 종로구 삼일대로 32길 36.
운현신화타워 빌딩 3층 305호
전　화 | 02)3675-5635, 063)275-4000
등　록 | 1984년 8월 17일 종로 라00426호
홈페이지 | http://www.shinapub.com
e-mail | essay321@hanmail.net

값 7,000원

ISBN 979-11-5933-044-5 04810
ISBN 979-11-85796-15-4 (전100권)